RESORTES

RESORTES

(ADIÓS A LAS CARPAS)

por Luis Macauley

Grupo Editorial Tomo, S.A. de C.V.
Nicolás San Juan 1043
03100 México, D.F.

1a. edición, abril 2004.

Nicolás San Juan 1043, Col. Del Valle
03100 México, D.F.
Tels. 5575-6615, 5575-8701 y 5575-0186
Fax. 5575-6695
http://www.grupotomo.com.mx
ISBN: 970-666-924-8
Miembro de la Cámara Nacional
de la Industria Editorial No 2961

Proyecto: Luis Macauley
Diseño de Portada: Trilce Romero
Formación Tipográfica: Servicios Editoriales Aguirre, S.C.
Supervisor de producción: Leonardo Figueroa

Impreso en México - *Printed in Mexico*

Contenido

Prólogo

Adalberto Martínez Chávez nació un 25 de enero de 1916, en el callejón del Estanquillo en el popular y temido barrio de Tepito, en la ciudad de México. Su familia fue de escasos recursos económicos, y él, al ser uno de los 18 hijos procreados por Luis Martínez y Enriqueta Chávez, sufrió de todas las carencias imaginables.

A los 15 años tuvo su primer *affaire* con el espectáculo, pues se dedicaba a vender paletas afuera del teatro Hidalgo, lugar donde se exhibía la obra "Tierra y libertad". En uno de esos extraños vuelcos que da la vida, y que si uno no lo aprovecha jamás se vuelve a presentar, el director de la obra le dio la oportunidad al joven Adalberto de aparecer como comparsa de los trabajadores del teatro, sin importar que no tuviera vocación para la actuación.

Fue a partir de entonces que mostró un interés especial por aparecer con frecuencia en los escenarios.

Su talento y ganas por sobresalir en el medio del espectáculo lo llevaron a combinar su trabajo en la carpa con sus innumerables visitas a los entonces afamados salones de baile: "El Esmirna", "Los Ángeles" y "México". Por esos mismos años, inició su carrera como bailarín de tap al lado de su amigo Juan Flores, con quien formó el dueto "Los espontáneos".

A diferencia de lo que mucha gente podría pensar, el sobrenombre de "Resortes" fue obra de uno de sus hermanos, quien al verlo caminar con su peculiar estilo, lo inmortalizó con tan famoso apodo. Con los años, Adalberto agregaría apellidos a su singular nombre: "Resortín de la Resortera para servirle a usted donde quiera y como quiera menos por donde quiera y mientras Dios quiera".

Después de "picar piedra" en las carpas durante más de 7 años, recibe una oportunidad para presentarse en escenarios como "El Apolo" (hoy Vizcaínas) y el "Follies", donde además de perfeccionar su personaje, hacía *sketches* y alternaba con personalidades como María Conesa y Lucha Reyes.

Para el año de 1946, mientras actuaba en el teatro Lírico, Lázaro Espinoza —gran amigo de Mario Moreno "Cantinflas"—, le informó que Jaime Salvador estaba muy interesado en realizar un guión para "Resortes"; de esta forma inicia su carrera en el ámbito cinematográfico al participar en la cinta "Voces de primavera" (1946), apoyado por dos grandes del cine nacional: Domingo Soler y Delia Magaña.

Entre las más de 100 películas en las que trabajó se encuentran: "Yo dormí con un fantasma", "Confidencias de un ruletero", "El beisbolista fenómeno", "El rey de México", "Asesinos S.A.", "Quiero ser artista", "Del suelo no paso", "La chamaca", "El dengue del amor", "Día de difuntos", "Platillos voladores", "El amor no es negocio", "El nieto del zorro", "Al son del mambo", "Los albañiles", "Baile mi rey", "Cómicos de la legua", "Barrio bajo" y "La niña de la mochila azul", entre otras.

La impresionante carrera de Resortes le dejó no sólo

amigos y enormes satisfacciones, sino todos —o podría decirse casi todos— los premios que las diferentes asociaciones entregan a los ídolos del cine, la radio o la televisión. Adalberto Martínez "Resortes" fue galardonado con: La Diosa de Plata, el Heraldo de México y el premio de los críticos de Nueva York al Mejor Actor por la película "Los albañiles", la medalla de oro por sus 50 años de carrera artística, un homenaje por parte del Instituto Nacional de Bellas Artes (INBA) en 1987, donde se le hizo entrega de un diploma y una medalla por su larga trayectoria. Un año más tarde, viajó a Francia al Festival de los Tres Continentes, América, Europa y Asia, y para 1989 fue homenajeado en el *Madison Square Garden* de Nueva York, además de haber recibido un Ariel de Oro.

Adalberto Martínez "Resortes" dejó de estar físicamente entre nosotros el día 4 de abril del 2003 a las 21:25 horas. Contaba con 87 años, y nos heredó, además de una larga y limpia trayectoria artística, una muy peculiar forma de bailar y expresarse —no podemos olvidar su ya patentado grito de "¡Ay mamacita!".

Considerado uno de los pilares en la historia del cine mexicano, el gran cómico hizo historia en el siglo XX al igual que otros monstruos contemporáneos de la comicidad como: Mario Moreno "Cantinflas", Jesús Martínez "Palillo", Germán Valdés "Tin Tan", Los Polivoces, "Chicote", "Mantequilla", "El Panzón Panseco", etcétera.

Queridos lectores, les presentamos al señor Adalberto Martínez "Resortes"...

1

El último día de "Resortes"

La noticia mantuvo ocupada a las secciones de espectáculos de todos los periódicos cuyos responsables, sin descanso alguno, se comunicaban constantemente al Hospital Santaelena para saber el estado de salud de una de las leyendas de la comicidad en México. Uno de sus mayores y, de hecho, uno de los últimos grandes actores que crecieron y nacieron al amparo de la carpa. Adalberto Martínez también conocido como Resortes Resortín de la Resortera.

Y no era para menos: Resortes era, entrado ya el nuevo siglo, toda una institución respaldada por 116 películas, innumerables obras de teatro y actuaciones en carpas, en ruedos y en las caravanas organizadas en los años cincuenta y sesenta que recorrían el país de punta a punta, algunas de éstas patrocinadas empresas cerveceras.

Algunos meses atrás, la había librado y abandonó el hospital tras ser tratado de un agudo problema respiratorio debido a su tabaquismo y tras pelear duramente con sus problemas de próstata, el cómico les había comentado a los reporteros que la "huesuda se negaba a llevárselo".

Sin embargo, el 4 de abril del 2003 la muerte finalmente lo atrapó.

Prácticamente sin poder hablar, Resortes había sido recogido de su domicilio por una ambulancia y trasladado al hospital donde ingresó a las cinco y media de la tarde a causa de un problema pulmonar. Ahí había pasado dos días en el área de cuidados intensivos del hospital y quizá sintiéndose a las puertas de la muerte pidió papel y pluma para escribir dos cartas de despedida.

Ese día, la segunda guerra de Irak había entrado en su última etapa y los titulares de los diarios llegaban con aires de tragedia. De hecho pocos días antes de ingresar por segunda vez al hospital, Resortes había visitado Los Pinos, cumpliendo así un viejo sueño.

Ahí, con la poca voz que le quedaba, habló de los problemas que vivía el mundo y compartió la tarde con el presidente y su esposa —eran los días de la llamada "pareja presidencial"—, Vicente Fox le confesó su admiración y su cariño, aun cuando eran muy pocas las películas que recordaba haber visto del cómico. Resortes se veía ya cansado, fatigado, le costaba trabajo hablar aun cuando acotó el discurso del presidente en dos ocasiones repitiendo algunas de las palabras de Fox que elogiaban tanto al cómico como al hombre de familia. Resortes por su parte lanzó vivas a los niños y un muera a la guerra.

Durante la conversación con Resortes, el presidente Fox habló sobre su matrimonio con Marta Sahagún y señaló que con su pareja es muy feliz. Eran aún los tiempos cuando Fox se atrevía a realizar ciertos retos y alardes y cuando aún no se desvanecía la admiración de los mexicanos por su presidente. El mensaje era para el presidente del Partido

Revolucionario Institucional mexiquense quien había demandado a Martha Sahagún por actividad electoral: "Por ahí —dijo— hay unos machines sin pelo, por ahí, en algún estado, aquí, en la República, que espantan".

El actor había llegado a Los Pinos acompañado de su esposa Josefina de Martínez y de Amparo Garrido. Los tres platicaron animadamente, hablándose de tú unos y otros.

Resortes presentó a su esposa con Fox y le dijo que llevaba 31 años de casado, a lo que Fox comentó: "Así deben ser los matrimonios de hoy".

Uno de los grandes críticos de cine de todos los tiempos, Georges Sadoul, dijo refiriéndose a Chaplin que éste había muerto cuando dejó de moverse: quizá lo mismo pudiera decirse de aquel hombre de 86 años —con 75 de carrera a cuestas— que a bocanadas, en la sala de cuidados intensivos, jalaba aire, mientras su pulmones se negaban a trabajar: cuando Resortes dejó de bailar, murió. Y no se trata de una metáfora, es un hecho real: hasta casi los ochenta años y aun después, el cómico bailaba una hora todos los días y aún le daba las diez y las malas a muchos jóvenes. Era una pasión que lo acompañó toda la vida, que practicó en todos los escenarios que pisó. Bailar fue su destino tanto como hacernos reír. Aun cuando al final de su vida, con nuevos aires en la comicidad, nuevos estilos, su último refugio fueron las telenovelas.

Quizá entonces, mientras veía pasar su vida en la sala del hospital, Resortes pensó en el personaje que no pudo ser y al que apuntó en cintas como *Échenme al gato* y en algunos otros trabajos al lado de Alejandro Galindo y otros destacados directores hasta llegar a ser el borrachín de *Pedro Navaj*, un estereotipo de los estereotipos.

Los últimos años de su vida sus admiradores lo veían con el pelo negro —pintado para ocultar las canas—, ondulado, y el rostro delgado, inconfundible. Sin embargo, el trabajo escaseaba. Las viejas glorias son para las vitrinas y así apareció en un puñado de telenovelas aun cuando en el cine ya ni se acordaban de aquel grito que fue copiado por infinidad de cómicos: Ayyy mamacita.

Pero eso sí, asistía religiosamente a las asambleas de la Asociación Nacional de Actores y en su casa del oriente de la ciudad de México, que habitaba con su tercera esposa. Ahí esperaba, sentado en los cafés vecinos a las oficinas de la ANDA. Ahí se reunían con otros actores como él, prácticamente abandonados, muchos de ellos relegados por el deseo de la novedad que hoy priva en las pantallas, y quizá ahí, todos juntos, rememoraban los años cuando el teatro era otra cosa, cuando la ciudad era otro, menos caótica, pequeña, más cálida; cuando aún existían los salones de baile, los teatros de variedad y las carpas aglutinaban al público más popular y más difícil de complacer.

Quizá Resortes Resortín de la Resortera recordaba todo esto mientras veía entrar a la huesuda a su cuarto de hospital.

Seguramente que recordaba su infancia, sus años de aprendizaje y su pasión por el baile. Quizá sin saberlo, mientras caminaba rumbo al más allá dio unos pasos de baile como en sus mejores días y luego se perdió en la oscuridad.

Obligado a un retiro casi forzoso, con pocos llamados y olvidado por muchos de los productores, Resortes había dado rienda suelta a otra de sus pasiones: la pintura. Un caballete lo acompañaba: hacía caricaturas de quienes lo visitaban y pequeños dibujos y mostraba las fotos de su increíble carrera, las imágenes de su reciente viaje por Europa, cuando un festival francés —el de los Tres Mundos— le rindió homenaje al espléndido bailarín.

En la pared de su casa, sólo había un puñado de fotos. Las otras, las de los recuerdos, estaban en algunas cajas de donde el cómico parsimoniosamente, sacaba y sacaba y sacaba aquellas imágenes que hablaban de otros tiempos.

A pesar de que se acercaba el final, Resortes podía decir que su vida fue una vida plena. Llena de alegrías y también de sinsabores pero que en el balance, desde sus días en Tepetito, pesaba mucho más el lado amable, el lado del triunfo, del éxito, del gusto del público mexicano, el más popular, por películas como *Baile mi rey* que en los días que siguieron a la muerte del cómico inundó las pantallas de los televisores.

Su último día quizá haya sido de angustia pero también tuvo la lucidez de escribirle una carta a su esposa —treinta años menor— en la que no sólo le recordaba su amor sino también le pedía que lo desconectaran de los aparatos que mantenían la ilusión de la vida.

Y cuando la vida se apagó finalmente, cuando los ojos se cerraron y las secciones de espectáculos tuvieron la noticia, la nota principal, sólo entonces, Resortes entró en el mundo de la leyenda.

Se fue con Cantinflas, con Tin Tan, con Clavillazo, con Pardavé, con Chaflán, con todos aquellos nombres que, más que nombres significaron una época del cine, un momento de increíble brillantez que, dicen algunos, jamás volverá.

El último día de Resortes fue el último también de una época, de un momento glorioso, de un universo que estaba irremediablemente condenado a desaparecer.

Con una trayectoria profesional de 72 años, que abarcan 116 películas, así como incontables apariciones en carpa, programas de radio, obras de teatro y emisiones televisivas, el cómico Adalberto Martínez "Resortes" murió a los 87 años de edad, de una complicación cardiaca.

Un día después, el sábado por la mañana, el cuerpo del cómico fue depositado en Mausoleos del Ángel, justo al lado de donde descansa otro cómico, Roberto "Flaco" Guzmán.

Su hermano Raúl fue el encargado de pronunciar la oración fúnebre: "Él era un hombre del pueblo —dijo—, representa mucho de lo que los mexicanos somos, divertido, alegre y único en su estilo, fue todo un rey y seguirá siendo nuestro rey".

Aun así no fue más de un centenar de personas las que acudieron a darle el último adiós a este rey de la carpa. Sin embargo, al poco tiempo los pleitos por la herencia comenzaron: una casa en Coyoacán y otra en Tepito, que al parecer eran propiedad de Resortes, fueron disputadas tanto por la viuda Josefina como por su hija Regina quien señaló que no se había cumplido la voluntad testamentaria de su padre, que deseaba ser enterrado al lado de su segunda esposa, Gloria Ríos. De hecho, el pleito fue tema de algunos noticieros de escándalo que se dieron vuelo con las declaraciones, el mismo Resortes contribuyó a ello, quizá alentado por su esposa, puesto que había llamado ingrata a su hija en un programa de televisión.

En fin, avatares de la vida.

Lo que es cierto es que la imagen de Resortes permanecerá con nosotros para siempre: el centenar de personas —muy pocas del mundo actoral— que lo fue a despedir le demostraron el cariño que los de su propia asociación a penas y pudieron hacer un mes más tarde al rendirle un pálido tributo.

De cualquier manera la familia estuvo presente para recordar que si en el sepelio un hermano lo despidió, en la vida real, otro, Carlos, lo bautizó con el apodo que lo hizo célebre en todo México: Resortes.

2

Sus primeros pasos

Al parecer, si los datos son correctos, Resortes, quien también fue conocido como Adalberto Martínez, nació en la ciudad de México. En el viejo barrio de Tepito: barrio que desde los tiempos de la Colonia ha sido una zona dedicada al comercio y al deporte, especialmente al box. No es casual que Resortes naciera en uno de los barrios más populares de México: de una u otra manera se trataba de una premonición: los personajes que estaba llamado a interpretar tendrían también esa vena popular y muchos de ellos hablarían con ese famoso tono cantadito que ahora se encuentra tras desvirtuado.

Su fecha de nacimiento: 26 de enero de 1916 en una modesta casa del Callejón del Estanquillo marcada con el número 10 y que recuerda, para quien la visita, a otro no menos célebre callejón de la imaginería mexicana, el callejón de Cuajo, donde viven los Burrón. La casa donde nació Resortes es hoy una vecindad, pero el barrio sigue siendo el barrio. Tepito desde aquellos años hasta nuestros días no ha cambiado mucho o si lo ha hecho ha permanecido tan semejante que resulta muy difícil distinguirlo. Se trata de un barrio bravo.

En esa calle, como el segundo hijo del matrimonio formado por el michoacano Luis Martínez y la capitalina Enriqueta Chávez quienes procrearon siete hijos.

Luis se había dedicado al comercio y conoció a Enriqueta ahí, en el mismo barrio bravo de Tepito. La familia vivía modestamente ya que los ingresos de don Luis no eran muy altos pero uno de los abuelos de Adalberto tenía una habilidad única: manejaba los títeres como nadie. Y el pequeño vivía fascinando viendo cómo aquellos muñecos, movidos por las ágiles manos de su tata cobraban vida, se animaban y empezaban a revivir los cuentos maravillosos con los que todos los niños sueñan.

En 1919 la familia Martínez se tomó una foto. Al centro, el niño Resortes de tres años de edad. En la foto la pobreza no se esconde, está ahí. La vecindad es tan típica que sería la escenografía ideal para una película. Rejas de madera delimitan los espacios y hay una escalera al centro, una vieja escalera. Atrás de ella podemos adivinar los lavaderos donde se daba rienda suelta al chisme: los rostros de hombres y mujeres son de lo más popular que se pueda tener pero el padre, al centro, mantiene la elegancia con su traje y la corbata, mientras que otros más lucen sombreros.

Atrás se ven algunos de los primos y los hermanos: tal vez uno sea Carlos —el mayor—, Matilde no está porque sólo vivió un día y a lo mejor ya estaba por ahí Enrique. Después vendrían María Elvira, José Luis y María Raquel y los medios hermanos Raúl, Rosa María, Martha y Celia que su padre procreó con "otra señora".

Gracias a la memoria de Resortes sabemos algunas cosas de su infancia, como la fascinación que sentía por las marionetas, las pequeñas Marías.

Podemos imaginar al pequeño viendo historias de reyes, de duendes, de princesas y de animales encantados en el pequeño teatro que su abuelo montaba para él. Podemos imaginarlo conociendo los mecanismos de los muñecos, aprendiendo a mover los hilos que hacían que las marionetas bailaran, pelearan, corrieran, todos aquellos movimientos que los convertían en personajes de los sueños.

Y luego, cuando aprendió la magia y a operar y a contar sus propias historias, el pequeño Adalberto se entretenía montando pequeñas obras de teatro para los niños de su calle y de la vecindad y, ya desde entonces, bueno para el negocio, el futuro Resortes les cobraba a sus vecinitos un centavo por ver el maravilloso mundo de sus marionetas. Entre esto y el comercio transcurre su infancia. Es una infancia como la de cualquier otro niño de la capital, en aquel entonces todavía sin reponerse de los estragos de la guerra y que muy pronto le tocaría vivir otras insurrecciones como la que arrojó del poder a Venustiano Carranza.

Son días difíciles, pero la familia Martínez los sortea como muchas otras, gracias a los lazos solidarios que existen entre ellas y cuando su segundo hijo apenas ha cumplido los tres años de edad se muda a Regina 69, también en pleno centro.

Al niño Adalberto le decían, en aquel entonces, el Chino, por el pelo encrespado que fue una de sus características muy particulares. Estudió la primaria en la escuela "5 de febrero" y también en la "Niños Héroes".

En ese entonces, el niño Adalberto también actuaba para su madre y quizá ahí le nació la vocación artística. Una tar-

Adalberto era conocido como "El chino" por su cabello encrespado.

de, mientras jugaban futbol en la calle, la pelota fue a estrellarse contra un vidrio provocando la indignación de un vecino. La palomilla de pequeñuelos salió corriendo pero la madre de Adalberto se enteró de su hazaña y lo regañó. El niño, para congraciarse con su madre, empezó a hablar como cubano y consiguió que el enfado se fuera y que incluso no recibiera su merecido castigo. Fue así como Resortes comprendió que la risa en muchas ocasiones es el preámbulo del perdón, que un hombre que ríe y que hace reír siempre tiene algo más para dar y no le cae mal a nadie.

De niño Resortes cultivaba su simpatía natural y los bomberos de la estación de 5 de febrero le pedían que al pequeño que realizara algún mandado porque entonces todo estaba cerca, la ciudad no era aún el monstruo en el que se convirtió. Resortes les bailaba a los bomberos y ellos fueron, en estricta justicia, su primer público, un público que se le entregaba entusiasmado.

Fue por aquel entonces que nació el apodo: su hermano, al verlos bailar y caminar por las calles le dijo que sus piernas se movían como Resortes y así se le quedó hasta que Adalberto le agregó los apellidos: "Resortín de la Resortera para servir a Dios y a usted dónde quiere pero no como quiera". Al principio el apodo le pareció feo, pero cuando su hermano le explicó de qué iba, entonces, sólo entonces lo adoptó como una segunda piel.

3

Se hace camino al bailar

La situación hacia finales de la segunda década del siglo XX no era muy boyante para la familia Martínez: desde niños sus hijos se habían acostumbrado a trabajar y luego de su paso por San Carlos, el pequeño Adalberto se decidió por estudiar comercio, carrera que no terminó porque aparecieron en su vida los escenarios.

A los 15 años, Resortes vendía paletas afuera del viejo teatro Hidalgo que estaba en la segunda calle de Regina y que hoy, renovado, se encuentra a espaldas de Bellas Artes. Resortes se dedicaba a esto no sólo para ayudar a su familia sino también para conseguir el dinero necesario para entrar a los espectáculos que por entonces se presentaban.

Un buen día, un hombre salió del teatro y se dirigió a los paleteros.

—¿Quieren trabajar en una obra? —les preguntó.

Los pequeños paleteros dudaron durante un momento.

—Es una obra que vamos a estrenar —insistió el hombre.

Los paleteros se vieron entre ellos.

—Hay buena paga.

—¿Cuánto? —preguntó el joven Adalberto.

—Un peso con cincuenta

—¿Y qué hay que hacer?

—Nada —respondió el hombre—. Salir de comparsas, hacer bulto.

A Adalberto se lo comían las ansias. Pero se hizo del rogar.

—No tienen nada que perder —les dijo el hombre—, si no les gusta pues no trabajan más.

Pero no fue Adalberto el primero en decir sí. El muchacho que se adelantó a todos sus compañeritos fue un joven de pelo rizado, un joven comediante al que muy pronto todos llamarían Resortes.

La obra se llamaba *Emiliano Zapata* y era un homenaje al caudillo del Sur escrito por Mauricio Magdaleno y era representada por la compañía de Ricardo Mutio en la que actuaban personalidades de la talla de Socorro Astol y Alberto Galán. Corría el año de 1932 y Resortes interpretó a un combatiente zapatista quien, con todo y su carga, atravesaba el escenario volteando para todos lados, como receloso. No fue en todo caso una actuación memorable y no hubo muchos críticos que elogiaran el trabajo de Resortes pero tampoco hubo nadie que lo criticara y fue así como Adalberto olvidó el comercio y se apasionó por el teatro. Eso sí, como llevaba un día sin aparecer por su casa dándole vuelo a la hilacha, Resortes tuvo la precaución de asomarse al patio de butacas y darse cuenta que ahí se encontraba su mamá. Fue al camerino y se puso unos grandes bigotes que hicieron muy aplaudida su aparición en escena pues el público lo confundió con el protagonista de la obra.

Ya para el segundo acto, Resortes salió envuelto en una

cobija y fumando y fue reconocido de inmediato por su madre quien lo esperó a la salida para pegarle una regañiza. Sin embargo, Adalberto le entregó el uno con cincuenta que había ganado y el coraje de su progenitora muy pronto se apaciguó aun cuando nunca más volvió a ser contratado en el teatro Hidalgo.

Aquel uno cincuenta que fue su primer sueldo le cambió la vida pues se interesó por el arte y los escenarios y una tarde mientras paseaba se topó con la Academia de San Carlos. Inmediatamente fue a inscribirse en algunas de las clases y donde quizá se hubiera convertido en artista de no mediar un hecho fortuito pero significativo: su descubrimiento del billar. A ese deporte —en aquel entonces considerado una actividad de vagos— dedicó gran parte de su vida hasta que un día su padre fue a sacarlo a cinturonazos del billar y a corretearlo por todo Niño Perdido haciéndole prometer que nunca más pondría un pie en el billar.

Muchos después Resortes aseguraba haber cumplido su promesa: nunca regresó al billar del que su padre lo había sacado a golpes, se buscó uno más alejado, uno donde su padre no fuera a buscarlo ni lo sorprendiera con otra paliza.

De adolescente también descubre el baile y será una pasión que le durará toda la vida. Dicen que fue Cantinflas quien le enseñó a bailar pero si esto fue cierto sin duda que se trata de un caso más en donde el alumno superó y con creces al maestro: Resortes fue sin duda uno de los grandes bailarines mexicanos.

En aquel entonces México era el paraíso de las carpas.

4

La carpa, una escuela de actores

En el México de los años treinta, al lado de las revistas políticas que causaban furor, el teatro popular florece en las carpas. Escenarios improvisados con actores improvisados que sin embargo fueron la escuela de los grandes cómicos mexicanos: *Cantinflas, Palillo, Resortes, Chaflán, Clavillazo,* fueron sus alumnos más distinguidos. Y a ellos habría que sumar otros nombres como *Harapos, Borolas, Bachicha y Pistache,* Polo Guerrero, Arturo Carranza y Gloria Berrones, *Don Catarino, el Chupamirto, El Vale Coyote* y el Gracioso Enano Flores.

Para José Clemente Orozco, el magnífico muralista mexicano el público de la carpa era totalmente híbrido y soez y en aquel espacio el peladaje se mezclaba con los intelectuales, los artistas, con miembros de las fuerzas armadas, burócratas, políticos y hasta secretarios de Estado.

Las carpas, como los cines, brotaban en cualquier barrio: eran herederas de las viejas carpas de títeres de compañías como la de Rosete Aranda y sobre todo eran el reflejo de un momento social: un país en crisis —perpetuamente en crisis—, agobiado por el peso de una guerra que acaba de terminar, empobrecido; y al ironizar y burlarse de la situación y de los políticos, la carpa reflejaba con buen humor todos los problemas del pueblo y se convertía en un látigo justiciero contra la ineficacia de los políticos. El culto que el público mexicano le mantuvo a la flamígera crítica de Palillo o del Panzón Soto, por ejemplo, ilustran muy bien lo que los asistentes a la carpa buscaban.

En la carpa cada tanda duraba veinte minutos: había diversos números musicales acompañados de los sketchs de representaban la pareja cómica. De acuerdo con los cánones, el cómico debía ir maquillado, apayasado y con pantalones guangos. La regla general era no mandarse mucho pero el público acostumbraba meterse con los cómicos y es así como se realizan duelos de los más diverso en las que el actor debía echar mano de todo su ingenio para no quedar en ridículo y vencer a su contrincante: de ahí que las carpas se convirtieran muy pronto en terrenos donde la improvisación reinaba y los albures y cábulas, las pullas y las burlas había que pescarlas al vuelo y revirarlas en una suerte de ping pong que exigía del cómico —y en ocasiones también del público— una agilidad sorprendente. No es nada casual que estos actores, formados en el mundo de las carpas, cuando ingresan al teatro de revista preparan sus sketchs a partir de una situación dada y conocida, un diálogo que cierra todo el número o una situación que ellos se conocen al dedillo, pero no tienen un texto, un libreto, van improvisando tal y como responde el público.

Pero además de ser un centro de aprendizaje, las carpas eran una prueba de fuego: los actores trabajaban sin camerinos, las mujeres, cuando se cambiaban se cubrían como podían y prácticamente pasaban de un pequeño espacio al escenario. Por supuesto que ni siquiera se podía hablar de baños o de algún espacio donde se pudiera descansar de la rutina. Se cumplía con el trabajo y los que podían se iban al café, a algún espacio cercano, actuar en otra carpa y luego regresaban para la segunda tanda. Los sueldos nunca fueron pingües y el único tabulador era el gusto del público: un peso, cincuenta centavos, veinte, de acuerdo con los aplausos. El Panzón Soto a veces les pagaba a sus actores y a veces se iban a la cama sin cenar pero cuando un cómico se metía en el bolsillo al respetable, entonces, la suerte estaba echada: uno y dos pesos diarios iban a parar a su bolsillo por cada tanda. A eso le apostaban los cómicos, casi todos hombres, casi siempre en pareja, con su imprescindible Patiño sin quien el cómico principal estaba perdido porque eran, en realidad, la mitad de su chispa: sus veloces respuestas, su agilidad mental, su capacidad para el duelo verbal hacía de estas comparsas una parte esencial del espectáculo aunque casi nunca ganaban lo que ganaba un cómico principal. Incluso hubo mujeres que se formaron en la carpa como pareja cómica: Las Kúkaras han pasado a la historia como un par de carperas inigualables.

Es ahí, en este ambiente, donde crece el arte de Resortes, su capacidad histriónica. Y también la de muchos otros actores que llenaron los escenarios hasta poco después de la primera mitad del siglo XX.

Uno de los más famosos carperos de todos los tiempos fue don José Herrera, *Procopio*, quien se inició en los años 20 como miembro de la segunda generación de la compañía de títeres de Rosete Aranda. Don Procopio, independizado ya, no sólo se convirtió en un famoso empresario sino que también difundió el arte de los títeres por todo el país y por si fuera poco había sido empleado del abuelo de Resortes en los espectáculos de títeres que montaba.

A sus carpas uno de los más asiduos visitantes era Resortes quien, finalmente, obtuvo un papel en una función a beneficio de la actriz Socorro Cerillo: las funciones a beneficio eran habituales en esos días cuando algunos actores se retiraban o se veían en apuros económicos lo que, por supuesto, era más que habitual. A Resortes le fascinó aquella función de fin de fiesta y decidió abandonar para siempre la escuela lo que fue causa de justificada indignación con sus padres.

De hecho, tener un hijo actor era tan ofensivo para sus padres que por un tiempo ninguno de sus dos progenitores le dirigían la palabra: en aquel entonces la actuación no era muy bien vista y era uno de esos oficios a los que aspiraban los buenos para nada. Pero Resortes no se amilanó: siguió presentándose en las carpas y finalmente, junto con un amigo, formó el dueto "Los espontáneos".

Su pareja en realidad no era actor, era un músico. Se llamaba Juan Flores y tocaba el saxofón. Resortes le propuso que se presentaran juntos en algunas de las carpas que en aquel entonces abundaban y él aceptó. Sin embargo, desde que iniciaron los ensayos los problemas se sucedieron: Flores, a quien apodaban El Colorado, vivía en un modesto cuarto de azotea y el ruido de los ensayos molestaba a todos los vecinos que incluso amenazaron con confiscarle el saxofón y a punto estuvieron de lograrlo cuando el casero —aconsejado por los chismosos vecinos— le exigió el instrumento como garantía por los meses adeudados de renta.

Los ruegos conjuntos de ambos amigos impidieron que El Colorado se quedara sin su instrumento de trabajo.

No obstante, el esfuerzo rindió frutos: los dos amigos fueron con el encargado de una de las carpas y tras presentar su número de música y chistes fueron admitidos dentro de la modesta *trouppé* carpera que se presentaba en Doctor Balmis y Niño Perdido, en plena colonia Obrera. El número que "Los espontáneos" presentaban incluía piezas como "La calle 42" y "Saint Louis Blues" que Resortes bailaba a ritmo de tap y en un duelo de chistes de doble sentido.

Los chistes, dicen algunos, los aprendieron en las cantinas donde se refugiaban toda vez que los vecinos conseguían expulsarlos del salón de ensayos y donde algunas ocasiones las cervezas fueron pagadas por el saxofón de El Colorado Flores quien había cambiado su nombre de guerra por el de Pitoloco.

Resortes seguía sin ser muy bien visto en su casa pero ocurrió que un día, sin darse cuenta, su padre se coló en la carpa para ver el espectáculo. Alertado por uno de los carperos que también vivía en la calle de Regina, Resortes se negaba a salir al espectáculo. Entonces fue su amigo Flores quien le ayudó a salir al escenario.

—¿Qué —le preguntó—, no que actuar es tu vida?

—Sí, pues, pero —Resortes se apretaba insistentemente las manos—, a mi papá no le gusta nadita que yo ande de carpero.

—Pues entonces, lo que tienes que hacer es salir y hacerlo mejor que nunca. Si no, se nos acabó el corrido porque tu papá dirá que tiene razón y te hará que regreses a la escuela.

Aquellas palabras convencieron al joven cómico y armado de valor Resortes se presentó el escenario. Hicieron lo de siempre: música, baile, chistes y uno que otro albur con el que le picaban la cresta al público y lo obligaban a reaccionar.

En un momento del espectáculo, Resortes volvió el rostro hacia el lugar donde estaba su padre y lo que vio lo hizo profundamente feliz: le había arrancado a su papá las más sonoras de las carcajadas.

Pensó entonces que había pasado el más difícil de sus exámenes. Sobre todo cuando vio que su padre se levantaba y aplaudía a rabiar la conclusión del número de "Los espontáneos".

Al terminar la tanda su padre se presentó en el camerino.

—¿De veras crees que es esta tu profesión?

—Sí papá, la traigo en la sangre.

—Pues entonces, hijo, no puedo oponerme. Si quieres ser cómico tendrás que ser el mejor.

Muchos años después Resortes estaba seguro que aquella promesa la había cumplido con creces.

Por ese entonces, siendo un chamaco, Resortes tenía buena pinta y se hizo de varias novias. Aún no había cumplido los 20 años cuando se casó con Mercedes Constanza, de este matrimonio nacería su hija Yolanda quien murió trágicamente en 1996 durante un asalto en la Colonia Obrera.

Pero Mercedes no fue la única: como buen enamorado, Resortes cortejó a varias muchachas de la cuadra. Su fama como cómico iba en aumento y —ayer como hoy— aparecer en un escenario llamaba la atención de muchas de sus vecinas. Dicen las malas lenguas que no sólo era galán sino que muy simpático y dicharachero y al hacer reír a las mujeres tenía la mitad del camino.

De hecho, aun cuando nunca fue un conquistador, en su vejez recordaba sus conquistas aun cuando le daba pena hacerlo delante de su esposa Josefina a quien le llevaba más de 30 años y a quien conquistó mediante otra técnica: echándose al bolsillo primero a los suegros.

Pero la capital entonces vivía de la bohemia: el Salón México o el Colonia por no hablar de Los Ángeles eran lugares donde Resortes mostraba sus habilidades para el *dancing* tal y como lo inmortalizó en muchas de sus caricaturas el célebre *Chango* Cabral. Sin estudios profesionales de baile ni de actuación, Resortes era capaz de crear sus propias rutinas, de darle vuelo a la hilacha y de presentarse armado de su figura en cualquier parte.

El salón, como el café, era un centro de vida social: dicen que el Salón México tenía tres pistas y que en la tercera, de piso de tierra, aún podía leerse el tan mentado anuncio: "Favor de no tirar colillas en el piso para no quemarle los *pieses* a las señoritas". Peor noche tras noche ahí se daba cita lo más granado de la inteligencia, el arte, la bohemia y la actuación en México: el "Indio" Fernández, Aaron Copland, Diego Rivera, Frida Kahlo, Cantinflas y por supuesto Resortes que, tanto en el Salón México como en cualquier otro, era asediado, admirado por los jóvenes que se iniciaban en el baile y que copiaban aquellos pasos que Resortes después practicaría en el escenario rodeado de sus bellas bataclanas, una vez que debutara como solista e inventara aquel su más célebre grito: Ayyy mamaciiiiiiita, que todos los galanes del barrio la utilizaban para piropear a las muchachas.

En las noches de baile, muchas mujeres se peleaban por ser su pareja y algunas de las historias que oyó en aquellas noches enriquecerían sin duda al personaje, un personaje que, desgraciadamente de acuerdo con algunos críticos no pudo crecer hasta convertirse en el gran actor que podría haber sido. Carlos Monsiváis ha dicho que en el caso de Resortes estamos ante un estereotipo de sí mismo, un personaje que no pudo crecer pero no por falta de cualidades sino porque quienes lo dirigieron e hicieron actor no supieron controlarlo o sacar el mayor provecho.

Algunos estudiosos señalan que las más de las veces, en las más de cien películas que filmó, Resortes se dirigía a sí mismo. Aun cuando, como en todo, hay excepciones, y una de ellas se llamó Alejandro Galindo quien en cintas como *Échenme al gato* supo sacarle todo el jugo que poseía como actor.

Sin embargo, desde las mismas carpas de don Procopio, Resortes trató de convertirse en algo más que un bailarín cómico. Esas carpas fueron su escuela, literalmente. Y el encargado de las mismas, Francisco Pardo, fue quien confió en el talento del joven bailarín y cómico.

—La semana entrante debutas de actor serio —le dijo una vez a Resortes. Pero el cómico no estaba muy seguro de dar lo mejor de sí en el escenario. Además, eso significaba separarse de su amigo El Colorado o Pitoloco. Desgraciadamente, el salario es el salario y como Flores le caía mal a Pardo las cosas no acabaron nada bien y una noche la pareja de Resortes salió con su saxofón y se perdió en la noche.

—Seguimos siendo amigos —contaba el cómico— pero poco a poco dejamos de vernos y le perdí la pista.

Cartel promocional de una de sus tantas películas.

Sin embargo, poco antes de su separación, Los Espontáneos acudieron a la Unión de Artistas de Variedades y Similares para buscar artistas para un "beneficio" y ahí se toparon con Antonio Espino. Cuenta la leyenda que fue el propio Resortes quien, al verlo actuar, le propuso que se pusiera Clavos.

—Deveras, manito. Es un nombre de pegue —le dijo—. Clavas por aquí y por allá. Clavas por todos lados y así sí le vas a pegar al clavo.

Por aquel entonces Espino había usado diversos nombres y al escuchar el consejo de Resortes —con quien en el cine sólo compartió créditos en una ocasión—decidió hacerle caso: de Clavos fue Clavillo —por cercanía con Palillo—y de ahí a Clavillazo. Así que fue Resortes quien le dio la idea para que más tarde se convirtiera en Clavillazo.

Gracias al apoyo de Francisco Pardo, Resortes probó suerte como actor serio y aun cuando el estereotipo de pobre y borracho lo persiguió hasta el fin de sus días no se puede negar que su forma de actuar hizo escuela. Lamentablemente, se trata de una mala escuela: los peores actores de la televisión cuando interpretan a un personaje popular acaban por seguir el modelo Resortes, un estilo que si bien en Adalberto Martínez se veía bien —finalmente Resortes era un personaje popular—en estos aprendices de actores lo que se ve es una mala imitación. Una copia del estereotipo y de la peor calidad, piénsese tan sólo en las múltiples interpretaciones de peladitas de algunas estrellas domingueras.

Ya sin la compañía de Pitoloco, Resortes se convirtió en un protagonista de la vida carpera: sus patiños se multiplicaron y entre ellos contó con Antinio Cuevas, Lucio Coronel y Miguel Inclán entre otros. Sin embargo, a la par que su fama crecía, Resortes actuaba al lado de otros notables del espectáculo como El Chicote o Emilio Cabrera o bien el ventrílocuo Conde Bobby.

Su fama había crecido tanto que ganaba tres pesos diarios en la carpa Don Procopio y los domingos, que era cuando se llenaba a reventar, lograba sacar hasta cuatro cincuenta. Por aquel entonces, libre ya de las angustias económicas, Resortes lleva una vida bastante bohemia y se independiza de la familia.

Algunos de los sitios donde actúa no son muy bien vistos por la sociedad: tal es caso del salón Smyrna —que se encontraba situado donde hoy está la Universidad del Claustro de Sor Juana—, en ese salón fue donde comenzó a presentarse con el apodo que su hermano le había endilgado: Resortes.

Durante quince años, Resortes anduvo de carpa en carpa e hizo giras: se presentó en Monterrey en el salón Obrero, y llegó a presentarse con las célebres caravanas de artistas que recorrían el país, incluso en Los Ángeles, California y uno de sus compañeros en estas giras era ni más ni menos que Salvador Cabrera quien tenía gran éxito en la W con su programa *El monje loco.*

En 1939, Resortes monta en el teatro Apolo su propio espectáculo el *Pachuco's Review* quizá inspirado en sus viajes a los Estados Unidos. Lo que lo sitúa como uno de los mayores precursores del pachuco en México, ese personaje que en las manos de Tin Tan se convertirá en un icono popular.

Entre 1931 y 1940 Resortes, ya famosos como carpero, vive la vida nocturna que en ese entonces poseía la pequeña ciudad de México que poco a poco dejaba de ser provinciana y se hacía cosmopolita: los cabarets, los salones de baile y el café eran parte de su vida tanto como el teatro de revista donde alternaba al lado de figuras como las hermanas Arozamena o con el mismo Cantinflas representando sketchs que todavía hoy repiten hasta el infinito los cómicos carentes de talento.

Los mejores carperos pasaron al teatro de revista mientras que otros se quedaron para siempre en la carpa: Palillo, por ejemplo, que ni siquiera pudo ser figura en el cine porque lo suyo era interactuar con el público, platicar con éste. Y en la pantalla perdía gran parte de lo gracioso y crítico que era en la vida real. Con Resortes no pasó esto: él muy pronto fue requerido por el cine.

Dicen que Resortes no sólo era un cómico sino que gustaba de ver los espectáculos de sus amigos y de los conocidos para preparar mejor sus papeles. Y le tocó ver a una generación espléndida de actores. El Panzón Soto, el Bigotón Castro, Joaquín Pardavé eran las figuras a las cuales Resortes admiraba y trataba de superar.

A Resortes se le podría encontrar muchas veces, tras salir de una de sus tandas, en el celebérrimo café El Jarocho que se encontraba en San Juan de Letrán y cuyo nombre va ligado a otros cafés donde cómicos, toreros, políticos, exiliados, vagos, artistas, intelectuales y periodistas le tomaban el pulso al día.

El café era el centro de reunión por excelencia en la ciudad de México. Se leía el periódico, se hablaba de futbol, se comentaban las noticias políticas, las deportivas, los chismes. Se firmaban contratos y se hacía esa filosofía de café tan importante para la vida misma: en el centro histórico de la ciudad de México el café abría sus puertas como un refugio. En esos tiempos la prisa no existía y los clientes de los cafés se daban tiempo para platicar.

—Buenas, Jesús —saludaba Resortes al iracundo Palillo que saludaba con un gesto mientras mantenía el cigarrillo en la mano y se llevaba a la boca una taza de humeante café, sin despegar siquiera los ojos del periódico.

Los amigos de la tertulia recibían a aquel joven de traje, envaselinado para aplastar la rebeldía de sus chinos que arrancaba suspiros de varias mujeres. Como casi todos los cómicos, Resortes era un fumador empedernido y un galán desenfrenado en una ciudad por la que se podía caminar tranquilamente.

5

El teatro de revista

En aquel tiempo, pasar de la carpa al teatro de revista era lo más común. Aun cuando el público variara ambos espacios eran absolutamente populares: en estos lugares se forja el habla popular que habrá de ser santo y seña del defeño durante muchos años y aun de casi todos los mexicanos. En los teatros de revistas no sólo se continuaba la educación del cómico carpero sino que también se encaraba con nuevos retos: el público, acostumbrado a ver "viejas encueradas", sobre todo en los teatros de burlesque como el Apolo —que se encontraba en la plaza de las Vizcaínas— no era muy indulgente con los cómicos, había que sudar la gota gorda para convencerlo.

Este teatro popular, que florece entre los sexenios de Calles y Ávila Camacho, va a dar rienda suelta a una especie de crítica complaciente con el poder e incluso en ocasiones se permitía ir más allá, todo de acuerdo con el gusto del gobernante en turno. Sin embargo, en el teatro de revista y en el burlesque, el chiste político no pegaba: lo que se necesitaba eran chistes de carácter sexual, albures, dobles sentidos, juegos de palabras agresivos y eficaces. Y por supuesto que para eso hacía falta la presencia femenina de desnudistas como Armida Gaxiola, Gloria Johnson y Cotti Eri quienes se especializaban en turbar y molestar al joven cómico que, sin embargo, trataba de conquistar a la que se pusiera a su alcance.

En noviembre de 1941, el empresario Miguel Bravo Reyes tuvo la idea de montar *el Tenorio del Apolo*, toda vez que los tenorios eran unos de los espectáculos más populares en los días de muertos. Resortes fue, por supuesto, el pícaro burlador del teatro clásico español aun cuando sus parlamentos no eran los de Zorrilla sino los de algún otro sicalíptico libretista y por supuesto que además de albures y dobles sentidos el escenario se llenaba de mujeres en muy poca ropa cuando no desnudas: una de las escenas que se hicieron famosas fue la de las monjitas saliendo en peregrinación perfectamente vestidas con su hábito pero que en cuanto daban la vuelta dejaban al descubierto todos sus encantos mediante un agujero hecho en la parte media del cuerpo. El desfile tuvo tal éxito que después sería repetido en muchos otros cabarets como el Waikikí y el Tívoli y de donde saltó al cine.

En todo caso, lo malo era que Resortes, con su nivel de vida, gastaba mucho y siempre andaba necesitado de dinero. Así que cuando recibió la visita de Carlos Amador, locutor de la XEW de apenas 16 años de edad y quien organizaba matinés en el cine Alameda, ni tardo ni perezoso aceptó participar en aquel espacio cuyo propietario era ni más ni menos que Emilio Azcárraga Vidaurreta.

—Nada más que hay un problema —le dijo Carlos Amador al afamado cómico.

—¿Qué problema, manito?

—Que a las matinés acuden puros niños.

—¿Y...?

—Pues a los papás no les van a gustar mucho tus albures...

—Pos entonces los cambio. Haré puro chiste blanco...

Y lo cumplió aun cuando algunos de sus chistes no eran del todo blancos pero los niños lo entendían muy bien.

Resortes no descansaba: lo mismo actuaba al lado de la inmortal Lucha Reyes —que se ganó su lugar dentro de la música popular mexicana a pulso— que con María Conesa, la célebre "Gatita blanca". Todos los escenarios eran buenos para este bailarín incansable que podría interpretar cualquier papel cómico que se le ofreciera.

De hecho, hasta se atrevió a aparecer en una de las comedias políticas del célebre Panzón Soto: *El máximo pachuco,* cuyo nombre aludía al hermano incómodo del presidente Ávila Camacho, Maximinio quien a la sazón fungía como secretario de Comunicaciones y Transportes y fue el encargado de unir a Guadalajara con Tijuana mediante la carretera que corre por toda la vertiente del Pacífico. La leyenda cuenta que era muy enamoradizo y que, incluso, hizo que la carretera no pasara por El Rosario, Sinaloa, pues fue rechazado por una de las mujeres de la localidad. Y aun cuando Resortes tenía fama de enamoradizo, la verdad es que lo que más le gustó fue volver a interpretar al pachuco, a esos personajes que había conocido en sus viajes a Los Ángeles y que le gustaban por su forma de vestir: el zoot suit le parecía el último grito de la moda y le encantaba por supuesto llevar aquel sombrero rematado con una pluma.

Las desnudistas del Apolo lo acompañaron en esta aventura mientras bailaba los ritmos de moda en los Estados Unidos como el *boogie*. Por supuesto que con estos ingredientes la revista tuvo éxito y hasta se dice que el mismo hermano del presidente, Maximinio fue a verla en varias ocasiones y se divirtió mucho. Y por supuesto que cortejó a algunas de las bataclanes que actuaban en la obra, de manera especial a las gringuitas Brenda Williams y Jenny Cookie.

Luego del éxito de la revista, Resortes fue asediado por algunos productores que esperaban tenerlo en sus teatros. Sin embargo, él se lo tomó con calma y sólo aceptó ser la estrella de una nueva compañía que se iba de gira por el norte del país, con las intenciones de llegar al otro lado y donde representaría nuevamente al pachuco que tanta fama le había dado. Lo acompañaban en esa aventura los bailarines Tortsky y Jorge Atristán.

Sin embargo, el pachuco de Resortes no prosperó: la llegada a la capital de un joven comediante proveniente de Ciudad Juárez y que parlaba el tatacha —el lenguaje de los pachucos— como Dios manda, hizo que muy pronto el cómico torciera el rumbo no sin antes interpretar nuevamente a un pachuco en el teatro Colonial —que se encontraba en San Juan de Letrán y Ayuntamiento— donde montó *Manicomio de pachucos* al lado del mismísimo Palillo y el gran Harapos. Heredados de los tiempos de don Porfirio, decenas de teatros abrían sus puertas en el centro de la ciudad y Resortes recorrió como estrella muchos de éstos así como cabarets. Las presentaciones en vivo fueron algo que no abandonó ni siquiera cuando ya era una estrella del cine nacional.

Su nombre atraía público y aparecía casi siempre en

primer lugar en las marquesinas de los teatros y los cabarets y aun en improvisados escenarios a lo largo de todo el país. Resortes tenía un público fiel y quizá por ello fue llamado a estelarizar la cinta *Voces de primavera* dirigida por Juan Salvador y donde alternó con estrellas como Domingo Soler y Delia Magaña.

Sin embargo, Resortes fue una figura habitual en los escenarios aun cuando el cine apenas y le dejaba tiempo para algo: en 1960 fue uno de los actores invitados a inaugurar el teatro Blanquita, justo ahí donde se encontraba el teatro Margo y en la revista que se presentó estuvieron, además de Resortes, Libertad Lamarque, Fernando Soto *Mantequilla* y *Pompín* Iglesias entre otros.

Resortes llegó a tener tal comunicación con el público gracias a que no le decía no a muchos espectáculos a los que otros cómicos huían: se lanzaba en caravanas a recorrer todo el país teniendo en ocasiones que presentarse tres veces. Algunas veces, en ciudades vecinas, mientras una parte de la caravana cerraba el espectáculo, la parte inicial abría el show en la otra parte.

Resortes era uno de los que cerraban las actuaciones y quizá en esos momentos, en contactos con públicos tan disímiles como los de Culiacán, Hermosillo, Monterrey, Cuautla, Acapulco, Oaxaca o Chilpancingo, iba afinando el trabajo cómico que lo caracterizó en el cine: la risa, el cuerpo expresivo, los movimientos de manos y de ojos que lo hicieron tan característicos.

En algunas ocasiones se presentaban parodias de las obras que meses atrás habían tenido éxito en el mismo escenario y que el público se conocía al dedillo: claro que todo esto ocurría mucho antes que la televisión se convirtiera en la gran acaparadora del tiempo libre de los mexicanos, cuando aún se podía ir al teatro.

En todo caso esas giras hicieron de Resortes un ídolo en Los Ángeles donde se presentó por vez primera en el teatro Mason al lado de Pompín y luego lo hizo acompañado por el Bigotón Castro y el Gordo Alvarado. Luego se presentó en el Million Dollar y ahí sus espectáculos siempre tuvieron éxito: lo que más le gustaba al público de Los Ángeles era la versatilidad de Resortes quien no sólo contaba chistes y parodiaba a otros actores sino que también bailaba.

La presencia de Resortes en Los Ángeles fue tan notorio porque su segundo matrimonio fue con una estrella del rock and roll mexicano que había nacido en California: Gloria Ríos.

En México, sus actuaciones en obras se hicieron cada vez más esporádicas sobre todo cuando ya había obtenido el estatus de estrella de cine. Sin embargo, poco a poco, sus apariciones en vivo se fueron haciendo cada vez más esporádicas: en 1954 dejó el Tenorio cómico teniendo en esa ocasión como compañera a la guapísima Ana Bertha Lepe, quien por cierto un año antes había sido electa miss México y luego obtuvo el cuarto lugar en el Miss Universo y cuyo rostro —se dice— es el que ahora luche nuestro Ángel de la Independencia. En todo caso, Resortes, a decir de la Lepe, era un compañero sensacional. Asegura que trataba a todas las chicas con cariño y respeto y aun cuando era enamoradizo y muy cábula siempre tenía un consejo y unas palabras de ánimo para quienes comenzaban en la carrera y para aquellos que, asaltados por los nervios, se habían equivocado.

—Y siempre estaba de buen humor. Yo nunca lo vi enojado aunque hay quien dice que en ciertos momentos estallaba.

El buen humor de Resortes era proverbial así como su capacidad para burlarse de todo. Lo que en más de una ocasión le trajo problemas: así, en 1956, a raíz del estreno de la cinta *Te vi en TV*, dirigida por el eficaz Alejandro Galindo —indudablemente el director que mejor hizo ver a Resortes—, el cómico sufrió el boicot de los locutores de radio y los presentadores de televisión puesto que consideraban que la película se burlaba demasiado de ellos, algo que por cierto era —y sigue siendo— bastante fácil de hacer y a lo que se dedicaban con singular alegría tanto Evangelina Elizondo como el Bigotón Castro y Resortes a través de diálogos verdaderamente picantes que recordaban por supuesto los aceitados diálogos que la pareja de cómicos realizaba en sus presentaciones en vivo.

El resultado de todo fue que la popularidad de ambos cómicos creció y la productora —Alameda Films— le ofreció la dirección de otras cintas a Alejandro Galindo. Paradójicamente, en el final de su vida, Resortes firmó un contrato de exclusividad con Televisa y apareció en diversas telenovelas.

6

Baile mi rey

Resortes comentó muchas veces que Mario Moreno Cantinflas había sido uno de sus maestros de baile. Sin embargo, la verdad es la vagancia de Resortes —que practicaba casi como un deporte— así como sus muy tempranos amoríos que lo llevaron directamente a los salones de baile.

Pero eso es algo que él recordaba con mucho humor: prácticamente su papá lo andaba buscando en los salones de baile y en los billares y algunas veces lo encontraba. Sin embargo, Resortes jamás estuvo inscrito en alguna escuela profesional de danza: fue un bailarín cien por cien autodidacto.

Su escuela estuvo en lugares como el Smyrna, el Salón Colonia, Los Ángeles o el mismísimo Salón México que en sus años mozos estaba en la cúspide de su fama y que él visitaba desde los quince años de edad.

Se dice que en muchas ocasiones, luego de seguir alguna muchacha de no malos bigotes y de invitarla a bailar, Resortes se quedaba quieto mirando a los grandes califas de la época que sabía mover el cuerpo mejor nadie.

Más de una vez aquellas miradas indiscretas lo obligaron a salir corriendo de un salón de baile, porque en la ciudad de México una mirada demasiado fija provocaba suspicacias y aun así se dice que Resortes lograba conseguir que en muchas ocasiones aquellos mismos bailarines le desvelaran sus secretos.

Quizá por ellos, a diferencia de otros bailarines, Resortes no tenía empacho en interpretar el ritmo que le tocasen, desde los boogies estadunidenses tan de moda en los años cuarenta hasta los danzones llegados con los cubanos y otros ritmos afroantillanos que poco a poco lo convirtieron en un bailarín fenómeno.

Es muy probable que Resortes se haya sentido atraído hacia los salones de baile porque era el mejor sitio para el ligue, sin embargo, el descubrimiento del baile lo apasionó: sus primeros pasos fueron siguiendo el difícil arte del danzón.

Y lo hizo sin ningún tipo de maestros: una noches, tras varias de observación, se armó de valor y en el salón Colonia sacó a bailar, uno de esos jueves de danzón, a una de las más famosas bailarinas de todos los tiempos, una que sólo bailaba con parejas electas por ella misma, tras un riguroso examen de aspirante. Quizá fue la audacia de Resortes o su notable juventud lo que llevaron a aquella mujer a aceptar bailar una pieza. Pero el joven la bailó tan bien que al poco tiempo era también una de las parejas habituales de baile de aquella mujer: tan sólo de ver había Resotes aprendido los secretos del paseo y el cuadro y poco a poco empezó a practicar danzón de fantasía que no es muy del gusto de los puristas del género.

Pero no era sólo en los salones de baile donde Resortes

"Resortes" era atraído a los salones de baile por los ritmos, pero sobre todo, por las damas que asistían.

aprendió a bailar sino también en aquellos espectáculos donde se presentaba: no era raro verlo entre las piernas del escenario copiando los pasos de los bailarines que ahí actuaban. Pero la verdad sea dicha el mejor momento de Resortes como bailarín era cuando estaba acompañado por algunas bellas bailarinas.

Es imposible negar que Resortes disfrutaba ampliamente del baile: cualquier nuevo ritmo era un reto para él y fue así como aprendió a bailar mambo de tal suerte que pudo bailarlo al lado de nada más ni nada menos que el Cara de Foco, el gran Dámaso Pérez Prado quien, como sucedió con los trompetistas mexicanos que había contratado para su orquesta, tuvo que reconocer que en México había bailarines tan buenos como los cubanos.

Desarrollado en los años cuarenta a partir de la rumba, el mambo fue uno de los ritmos que más furor causaron en México: Resortes ya había tenido acercamientos con la rumba, incluso había bailado este ritmo en una película cuando Pérez Prado —a quien junto con Arsenio Rodríguez e Israel López se les considera los inventores del ritmo— comenzó a hacer furor en México.

En *Rumba caliente,* una cinta de 1952 dirigida por Gilberto Martínez Solares, Resortes se interpreta a sí mismo como un bailarín exótico mientras que Lilia Prado lo acompaña con su belleza. Gran parte de la película transcurre en el cabaret El Infierno donde el cómico se anima a bailar flamenco —tal y como lo hiciera en *El nieto del Zorro*— mientras que la trama gira en torno a una pareja de cómicos que se separan para reencontrarse y le da la oportunidad a Resortes de lucir sus números de baile cómico a partir del ritmo cubano.

Sin embargo dos años antes, Resortes ya había realizado una incursión en el mundo del mambo al lado del inigualable Pérez Prado: *Al son del mambo* —dirigida por Chano Ureta— es el título de esta cinta donde compartió créditos con la pareja de bailarinas *Las Dolly Sisters* y que se trata en realidad de una revista disfrazada donde se luce la orquesta de Pérez Prado y donde Resortes le da vuelo a la hilacha al lado de Harapos, Borolas, Joan Page y Amparo Arozamena. En el escenario, al lado de Amalia Aguilar, Resortes aparece junto al ballet de Chelo la Rue, aparecen Los Tres Diamantes y los incomparables Xochimilcas.

Como vemos, la habilidad dancística de Resortes era ampliamente reconocida y no sólo bailó mambo sino que en su muy peculiar estilo también interpretó rock and roll y otras danzas.

Sin embargo, estos papeles de cómico y bailarín también le permitieron lucir en otros papeles aun cuando casi todos lo recuerdan por su acrobática danza al lado de Silvia Derbez en Baile mi rey —dirigida por Roberto Rodríguez— donde se puede ver uno de las escuelas de baile que Resortes tuvo en su juventud: el salón Smyrna, centro recreativo, de amplio historial erótico que algunos tardes adquiría el estatus de templo del baile popular.

7

Historias de amor y tragedias

Para algunos especialistas Resortes era un el hombre carimástico, feo pero de buen corazón que triunfaba a pesar de su fealdad. Sin embargo, si esa era la imagen que mostraba en la pantalla y aun en el teatro, la verdad es que en la vida real era un conquistador. Se ha dicho que ya de muy jovencito andaba en las carpas sobre todo persiguiendo a las bailarinas que ahí aparecían y algunas veces lo conseguía.

De hecho su primer matrimonio se efectuó prácticamente siguiendo los pasos del más querido de sus hermanos, Carlos, quien se casó muy joven. Resortes lo hizo también, se casó jovencísimo y al poco tiempo tuvo a su primera hija Yolanda Martínez Constanzo que en 1996 le causaría al cómico un dolor terrible al morir trágicamente durante un asalto.

Las hijas de Resortes se criaron con sus abuelos pues como buen mexicano Resortes guardaba un cariño especial para su madre y les ayudó a instalarse en otra casa así que hizo de sus sobrinos —los hijos de Carlos— prácticamente sus hijos adoptivos.

Aun así, Resortes parecía ser inconstante por naturaleza, si el matrimonio con Mercedes Constanzo no duró mucho tampoco su unión con la cantante Gloria Ríos estuvo mar: estrella chicana de rock and roll que actúo a su lado en varias películas y con quien procreó a Gilda Ramírez.

Al parecer Resortes gustaba mucho de coquetear con cuanta mujer estuviera a su lado, eso, el hecho de que era simpático y muy buen bailarín como que hacía difícil que las mujeres se resistieran a sus encantos. Dicen las malas lenguas que algunas de sus compañeras en el cine, aceptaban gustosas ir a bailar con él no sólo porque era un gran bailarín sino también porque era un gran seductor.

No obstante, hacia finales de los sesenta, el comediante se encontró con la horma de su zapato cuando conoció a una muchacha de apenas quince años de edad que era hija de un amigo y socio: Josefina Flores Santacruz.

El matrimonio duró el resto de la vida de Resortes, 31 años. Desde 1973 que fue la fecha de la boda, Resortes se comportó como un esposo fiel y siempre se mantuvo al lado de su esposa, quien por cierto fue el verdadero sostén del cómico, la que lo ayudó en sus momentos de desesperación y cuando pasaba por los momentos más difíciles como fue la operación de próstata a la que se tuvo que someter apenas iniciado el año 2000. De hecho, antes de que la familia se peleara por la herencia, Regina declaró a una revista que Josefina había sido una esposa ejemplar que le había dado a su padre alegría y cariño durante su vejez.

Y de una u otra manera, era cierto. Josefina, quien a mediados de los setenta apenas rebasaba los quince años, fue el amor otoñal de un Resortes que, para entonces rebasaba ya los cincuenta y acababa de hacer su debut en televisión dentro de la serie *Destino, la gloria,* telenovela inflamada del espíritu olímpico que en aquel tiempo nos inundaba y sin duda se hallaba en un muy buen momento de su carrera: como actor era una figura indudable, tenía a su lado a una de sus hijas aun cuando ya se encontraba separado de Gloria Ríos quien por cierto murió muy joven tras dejar algunos éxitos inolvidables como "El relojito" y la versión en español de "El hotel de los corazones rotos".

La hija de Resortes y Gloria, Regina, vivió con su abuela hasta que ella falleció, en 1972, y entonces se marchó al otro lado. Y aun cuando en un principio hubo algunos problemas con su viuda —heredera única y titular de los derechos de autor de sus películas— las cosas al parecer ya han vuelto a su nivel y en los primeros meses del 2004 ya se habían dado algunos acercamientos entre las dos descendientes directas.

Lo curioso en todo caso es que Josefina, que era una chamaquita cuando Resortes la cortejaba. De hecho, según el mismo cómico contaba, primero tuvo que convencer a su suegro —con quien lo unía una vieja amistad—, hecho sobre el cual pesó, por supuesto la admiración que los padres de Josefina tenían por el cómico.

Josefina, según declaró después, al principio no se había sentido muy atraída por aquel hombre mayor. Y aun cuando, como sus papás lo querían bastante, se sentía halagada por sus requiebros, no creía que las cosas fueran en serio. Pero Resortes tenía otra cualidad, era persistente. Así fue —decía—como había conquistado a un titipuchal de muchachas: "feo soy, pero lo bailado quién me lo quita".

Y bueno, claro que ser quien era tenía sus ventajas: en un buen momento de su carrera, Resortes, que siempre fue bastante modesto en su vestimenta aun cuando elegante sin llegar a los excesos de Cantinflas, podía lucir ante la muchacha su mejor perfil, llevarla a los mejores sitios y muchas veces acompañada de sus padres como al circo Atayde del cual Resortes era un verdadero fanático. A veces se nos olvida fácilmente que muchos de nuestros cómicos tienen en verdad almas de niño y éste era el caso de Resortes: el circo era uno de sus espectáculos favoritos y algunos de sus números estaban inspirados en estos espacios lo mismo que en las ferias de pueblo.

Resortes era un cómico que se alimentaba de su contacto con el pueblo y no era raro verlo en los lugares de esparcimiento popular e incluso sintió muy de cerca el llamado de los toros: era un aficionado de hueso colorado a la plaza y alguna vez toreó como lo hicieran otros grandes cómicos incluido Cantinflas y el mismo Piporro.

En esos lugares de esparcimiento popular y en los salones de baile fue donde conquistó a su futura esposa. De acuerdo con declaraciones de su propia viuda, fue cuando se la llevó al baile —literalmente— que ella empezó a admirarlo realmente.

De hecho, su primer contacto, cuentan, fue en una fiesta familiar donde lo primero que le llamó la atención fue la forma de bailar de aquel señor tan chistoso y tan atento: en ese entonces Josefina tenía unos trece años de edad y estaba muy lejos de imaginarse que unos cuantos años más adelante, aquel amigo de sus padres se convertiría en su esposo.

Generalmente las viudas de los grandes artistas reciben muy poco crédito y las más de las veces no son muy bien vistas pero en el caso de Josefina hay que decir que fue una esposa singular: cuidó a Resortes con cariño y dedicación y aun cuando se lo llevó a vivir a un terreno aledaño a la casa de sus padres —que el propio cómico le compró a su suegro— la verdad es que los últimos treinta años de vida del artista fueron muy bien administrados por Josefina toda vez que a partir de la segunda mitad de los años ochenta los papeles estelares escasearon y sólo se le presentaban papeles de reparto, pequeñas apariciones en películas bastante flojas.

Sólo en una de esas muchas cintas pudo Resortes mostrar algo de los buenos oficios que como actor tenía, se trató de *Los albañiles* de Jorge Fons sobre la novela homónima de Vicente Leñero, cinta que le redituó hasta un premio, pero lo mejor será no adelantarnos con esa historia.

8

Resortes mueve al cine

Con más de diez años diez años a cuestas en el ambiente artístico como cómico, bailarín y actor dramático y ya siendo uno de los favoritos del público, Resortes ingresó al mundo del cine en 1946 como actor de reparto de *Voces de primavera.*

La historia cuenta que a Resortes ya le andaba por ingresar al mundo del cine además de que era un habitual a las matinés y a las variedades que se presentaban en los cines y que organizó durante mucho tiempo Carlos Amador: se trataba de una práctica hoy desaparecida en la cual, durante el intermedio, y en ocasiones antes de la misma función, se presentaba un número musical o bien un número cómico.

De hecho el sketch con el que se inició Resortes dentro del humorismo blanco tenía que ver con su abuela: Resortes hacía una broma sobre la vida de su abuelita y el público le respondía con risas.

Una vez, después de una de esas funciones, Resortes recibió la visita de un periodista quien, como que no queriendo, le dijo que se había enterado en los Churubusco que Jaime Salvador había pensado en él para su próxima película.

—Voitelas, manito, no creo. De a devis se me hace que es puro cuento.

—Para nada, yo estoy bien seguro de que va en serio, don Jaime se peleó con Cantinflas y anda buscando otro cómico...

—A mí se me hace que me estás cabuleando, manito...

—No, no. Te lo juro. En los estudios se oye que tú eres el bueno.

Su amigo no se equivocaba. Por esos días, Resortes recibió la invitación de sumarse al reparto de *Voces de primavera.* En aquellos años era muy común ver que los cómicos de carpa y de teatro de variedades dieran el estirón al cine que era una industria que se encontraba en su apogeo.

No hay que olvidar que la llamada época de oro del cine nacional corresponde exactamente con un periodo muy específico de la historia de América Latina: con el estallido de la Segunda Guerra Mundial y la entrada en guerra de los Estados Unidos, buena parte del mercado del cine en el resto del continente cayó en manos mexicanas. Algo por demás normal: las cintas eran habladas en español y eso les permitía que su mercado natural se extendiera hacia los otros países hispanohablantes. Si bien es cierto que las circunstancias era propicias también se dio un hecho aún no igualado: una conjunción de actores talentosos, sólidos artesanos cinematográficos y excelentes argumentistas.

Durante la década comprendida entre 1941 y 1950 la producción sube de 27 a 121 films, las salas de cine pasan de 830 a 2 459 y de 66 millones de espectadores se llega a la fabulosa cantidad de160 millones. Es lógico suponer que con estas cifras, hasta entrados los años sesenta, el cine se convierta en el principal espectáculo de masas y en el mayor acaparador del tiempo libre de los mexicanos que, curiosamente, veían cine mexicano y a ello contribuían directores como el Indio Fernández, Julio Bracho, Alejandro Galindo y los refugiados españoles llegados a nuestro país entre quienes sin lugar a dudas ocuparía un primerísimo lugar Luis Buñuel.

Hacia mediados de los años sesenta, la producción cinematográfica nacional comienza a decaer y a perder la batalla. Y aun cuando durante el sexenio echeverrista se vivió un ligero repunte, la verdad es que el cine nacional ya nunca más alcanzaría la cifra de películas producidas en los años cincuenta, la década en que los grandes cómicos incursionan, con éxito, dentro del mundo del celuloide.

Jaime Salvador, el director de *Voces de primavera,* había sido el encargado de filmar la epopeya de los pilotos mexicanos en el Pacífico durante la Segunda Guerra Mundial: la cinta se llamó, por supuesto, *Escuadrón 201.* Donde de manera documental se pueden observar algunas escenas reales de combate, cedidas por el gobierno estadunidense Sin embargo, Salvador, como buen español, era casi un especialista en temas sobre su patria natal y había llevado a la pantalla la zarzuela favorita del dictador español Francisco Franco: *Marina* así como novelas de capa y espada, de corte revolucionario y el mismo año en que incorporó a Resortes al elenco de su película filmó una muy fallida biografía cinematográfica de don Francisco de Goya y Lucientes. Por cierto se dice que el debut cinematográfico de Resortes estuvo marcado por el pleito entre Salvador —que era un guionista muy respetado— y Cantinflas lo que le hizo volver los ojos a la infinidad de cómicos nacidos de la carpa y encontrar en Resortes al posible sustituto del cómico más famoso de México. No lo logró pero la presencia cinematográfica de Resortes sin duda se convirtió en un hito.

En fin, *Voces de primavera,* la cinta de debut de Resortes, pasó sin pena ni gloria. De hecho, a la distancia, es muy poca la gente que la recuerda como una película memorable aun cuando llevaba en el reparto actores como Domingo Soler y Delia Magaña con quien por cierto bailaba un número del "Cascanueces".

En *Voces de primavera* Resortes hizo el papel de Liborio, apenas un personaje secundario sin mucho de qué hablar y poco agraciado a quien, no obstante, el cómico le prestó su chispa. La historia era de lo más convencional y la verdad no nos imaginamos por qué el director optó por utilizar a Resortes en este papel que muy probablemente hubiera sido rechazado por Cantinflas.

Aun así, fue Jaime Salvador quien utilizó al cómico en otras tres películas ya en plan estelar. Dos de éstas se realizaron en 1947 y fueron filmadas en los estudios Cuauhtémoc. La primera de éstas fue *Yo dormí con un fantasma* en la cual Resortes interpreta a un detective que busca una tesoro perdido y que sin embargo tiene que enfrentar momentos de terror supuestamente cómicos pero más bien terroríficos en cuanto a la pobreza de la producción. De cualquier manera hay por ahí dos momentos interesantes en esta cinta: uno de ellos es la danza de los siete velos que interpreta María Luisa Zea y que al parecer obligó a posponer el estreno de la cinta por algunos años debido a la censura.

La segunda cinta que Resortes interpretó en 1947 fue *El nieto del Zorro* una parodia de las cintas de capa y espada sobre un aventurero justiciero que combate al poder español en las costas de California.

Resortes fue acompañado en esta ocasión por otro cómico nacido del teatro de revista, Polo Ortín, y por Delia Magaña y Alicia Ravel como sus respectivas parejas. Resortes y Ortín interpretan a un par de cómicos de la legua que son confundidos con el aventurero justiciero conocido como El Zorro. De acuerdo con las críticas se trata de un western-ranchero —chilaquil western— en el que curiosamente el protagonista está presente tanto como desaparece porque la cinta pretendía llevar al estrellato a un trío de prometedores actores a quienes el productor les había visto posibilidades de galanes: los Aragón.

Hay hartos enredos: Ortín y Resortes se ponen las ropas de las mujeres y luego cambian sus ropajes con los del Zorro de tal suerte que Resortes es confundido, está la imprescindible corrida donde Resortes demuestra algunos de sus dotes como torero y también la actuación del grupo en el teatro cantina del pueblo donde apenas y muestra sus habilidades como bailarín excéntrico.

Evidentemente hay un final feliz y el cuarteto interpreta el tema del Zorro compuesto por Manuel Esperón. Como se podrá ver no es una cinta muy interesante ni para los admiradores de Resortes y mucho menos para quienes se ostentan como fans de Zorro —pero bueno, finalmente quedó como una curiosidad más o menos pasable si tomamos en cuenta los atentados que posteriormente se han hecho contra el personaje que ha sido interpretado tanto por Alain Delon y Antonio Banderas. En todo caso el verdadero final feliz ocurrió fuera de la pantalla con el matrimonio entre Alicia Ravel y Jaime Salvador quienes se casaron después de haberse conocido durante la filmación de la cinta.

Los compromisos de Resortes quien era en aquellos momentos un cómico de moda, lo mantuvieron ocupado por espacio de dos años: como era habitual en él, vivía para el trabajo. Se la pasaba de teatro en teatro y de caravana en caravana acompañado de los más variados patiños quienes muchas veces eran actores de gran habilidad verbal y de reconocido prestigio en el mundo del teatro de variedades o carperos como el mismo Bigotón Castro.

De acuerdo con la leyenda los sketchs que Resortes interpretaba iban cambiando de acuerdo al tipo de público y siempre bajo un sistema de prueba y error que aseguraba de una u otra manera el éxito.

Es por ello que los números que en ocasiones armaban durante los largos viajes en tren de una ciudad a la otra o en los mismos camerinos de los teatros, no tenían un libreto definido. El mismo Resortes recordaba que en muchas ocasiones —sobre todo cuando se habían presentado en escenarios diferentes y apenas y tenían tiempo para llegar a la función siguiente— simplemente se gritaban antes de aparecer ante el público el nombre del sketch —"la tuya es tu esposa" o "la pistola no tiene balas" —y a partir de una situación dada iban bordando chistes hasta llegar al remate más gracioso.

Era un tanteo muy difícil por que nunca se sabía cómo iba a responder el público pero sin duda alguna se trataba de una gran escuela. El cómico principal, de acuerdo a la respuesta del público, contaba chistes y conducía el sketch hasta una situación donde el final que se conocía de antemano pudiera darse.

—Y a veces nos equivocábamos y entonces, vieran la pelotera que se armaba —dicen que decía un viejo carpero en sus últimos años.

En todo caso, como un arte prácticamente efímero, el arte de la carpa no ha quedado registrado más que el recuerdo de quienes lo vivieron y en algunas películas como *Allí está el detalle* donde Cantinflas dejó un ejemplo de su arte magistral que lo llevó convertirse en el cómico más apreciado de México.

En 1949, Resortes regresó a la pantalla grande otra vez de la mano de Jaime Salvador —quien por cierto también colaboró con Luis Buñuel en algunas de sus películas mexicanas (de manera especial habría que citar *Viridiana* y *Susana)* y dirigió en su debut cinematográfico a la pareja de cómicos Viruta y Capulina— para protagonizar *El amor no es negocio,* una comedia con tintes de melodrama que resulta sorprendente por algunos hallazgos cinematográficos aun cuando no hay mucho que destacar fuera de la breve secuencia anterior a los créditos —algo inusual para la época— donde una anunciador le dedica una canción a Rufino y sus amigos.

En esta cinta Resortes interpreta a Florencio, un aspirante a gigoló a quien no le va muy bien pero que es educado por Rufino —Tito Junco— quien realidad no tiene ningún escrúpulo y agrupa a las mujeres en cuatro clases claramente definidas: viudas, tontas, feministas y jóvenes de buena familia con padres enfermos, a las puertas de la muerte. Por supuesto que con éstas, dice Rufino, es con las que hay que casarse.

La película no tiene muchos números humorísticos aun cuando sí se encuentra plagada de enredos tanto por los líos, las artimañas y las pretensiones de Rufino, quien por

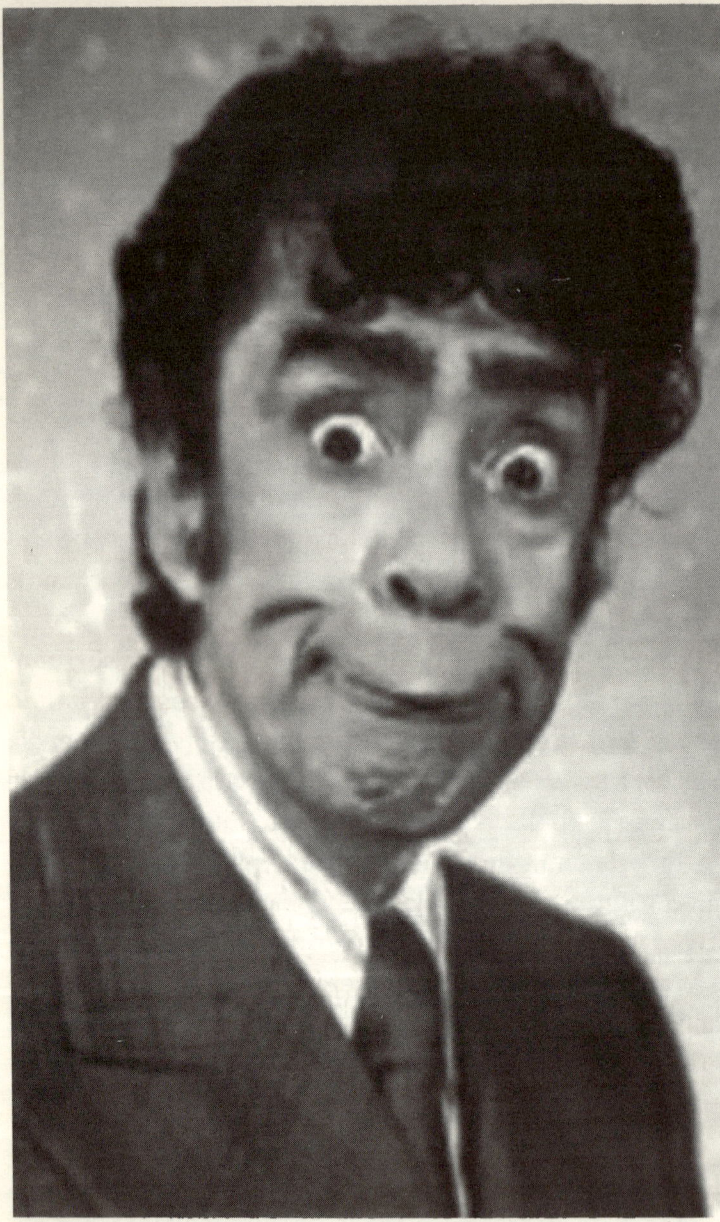

Al ser un cómico de moda, sus compromisos crecieron y se la pasaba de teatro en teatro y de caravana en caravana.

cierto desfigura a una de sus amantes, la bailarina y cantante La Serpentina como por los problemas de Florencio y de su hermana Margarita. De hecho, como aprendiz de gigoló Resortes baila un tango trata de estafar a una gringa y finalmente logra conseguir el dinero para pagar la operación de su hermana de manos de una joven mujer, Susana, a quien cree rica pero que en verdad es tan pobre como él y por ello, porque a pesar de ser un gigoló tiene un buen corazón, roba y va a dar a la cárcel aun cuando promete regresar para recuperar a Susana de quien está enamorado mientras que Rufino muere a manos de La Serpentina quien le dispara en pleno rostro.

Mucho más cerca del melodrama cabaretero de los años cincuenta que de la comedia urbana, *El amor no es negocio* limitó la gestualidad de Resortes y aun su capacidad dancística a los momentos en que trata de encontrar víctimas en su papel de vividor. Sin embargo, como todo provinciano que arriba a la capital del país, que eso es en el fondo Florencio, su buen corazón y su ingenuidad no lo permiten ser tan cruel como su maestro. De hecho, el papel de Florencio como que prefiguraba muchos de los papeles a los que el cómico se vería relegado. En realidad, a pesar de sus habilidades como bailarín y como cómico carpero fueron muy pocas las ocasiones en que pudo echar mano de estos recursos: sus papeles siempre estuvieron —incluso en los últimos tiempos— más cerca del melodrama sensiblero que de la franca carcajada aun cuando hubo algunas películas en las cuales pudo demostrar todo su talento. Pero para eso fue necesario que se encontrase con un director que supo sacarle todo el jugo a sus habilidades. El encuentro ocurrió en 1949 y el director se llamó Alejandro Galindo.

9

Resortes encuentra a su pareja ideal: Alejandro Galindo

Alejandro Galindo fue, sin duda alguna, uno de los cineastas de la llamada época de oro del cine nacional que mejor supo aquilatar el sentido de lo popular y el gusto del público. De ahí que su encuentro con Resortes haya sido, de alguna manera, providencial para el cómico. La primera película que realizaron juntos Galindo y el bailarín fue *Confidencias de un ruletero,* filmada en 1949, poco antes de *El amor no es negocio.*

Hijo de una familia regiomontana que había emigrado a la ciudad de México, Galindo entró muy joven en contacto con el cine gracias a su amistad con el productor Germán Camas quien le permitió asistir a las filmaciones que se realizaban en sus Estudio México Films.

La aventura del cine le llamó tanto la atención a aquel joven que había nacido en 1906, que al poco tiempo, abandonó sus estudios universitarios y se instaló en Hollywood sobreviviendo de todo tipo de trabajos relacionados con el séptimo arte. Una vez aprendidos los rudimentos del oficio y con estudios de guionismo en el Hollywood Institute of Scriptwriting and Photoplay, regresó a México para escribir los guiones de las cintas *La isla maldita, El baúl macabro y Ave sin rumbo* y, en 1937, tras dirigir el corto documental *Teotihuacan, tierra de emperadores,* debutó con el largometraje titulado *Almas rebeldes.*

Para el momento de su encuentro con Resortes, Galindo ya era un experimentado director: entre 1937 y 1948 había filmado 24 largometrajes entre los que se contaban algunas de sus obras maestras como lo fueron *Campeón sin corona* —cinta extraordinaria sobre un boxeador, se dice que era el Pajarito Moreno, incapaz de superar el complejo de inferioridad a la hora de pelear contra un gringo— o bien sus comedias de corte urbano como *¡Esquina bajan!* y *Hay lugar para dos* —con la inolvidable pareja de David Silva y Soto Mantequilla— en donde, a la manera de los directores neorrealistas italianos contaban una historia de clases bajas, de sus circunstancias de trabajo y retrataba una ciudad que poco a poco se transformaba en gran urbe. Los conflictos entre las diversas rutas de camiones y los choferes de éstas —salvajes, atribiliarios pero de buen corazón— hicieron que esas cintas se convirtieran en un éxito.

En 1948, a la par que sus dos comedias sobre choferes, Galindo se dio tiempo para filmar lo que muchos consideran su mayor película: *Una familia de tanta,* una magistral recreación de la lucha entre lo viejo y lo nuevo, entre los jóvenes y los mayores cuyo símbolo es ni nada más ni nada menos que una aspiradora eléctrica y cuyo ángel perturbador es el vendedor de estos aparatos, una imagen más que reconocible de los nuevos tiempos que se vivían en México donde rápidamente se pasaba de una sociedad rural a una sociedad urbana en todo el sentido de la palabra y donde la autoridad de los mayores es puesta en duda ante una nueva generación. Frente al orden establecido, frente a la familia tradicional cuyo orden incluso pudo escapar de los avatares revolucionarios, Galindo oponía a esa nueva clase media mexicana que durante veinte años sería el puntal económico del llamado milagro mexicano y un modelo aspiracional a seguir y donde el departamento unifamiliar va sustituyendo a las casas señoriales de las grandes familias nucleares. Modernidad pura era lo que el cine de Galindo pregonaba así como el levantamiento de un mundo urbano totalmente ajeno al apacible y a veces idílico universo campirano en el que se había movido mayoritariamente el cine nacional.

De hecho, ya desde los inicios de su carrera con *Mientras México duerme,* Galindo había iniciado la exploración de ese mundo y, por supuesto, la construcción de nuevos mitos relacionados con la vida en la ciudad, incluso, ya había dirigido algunos otros excelentes cómicos carperos como Chaflán —quien con él hizo uno de sus pocos estelares en *Los millones de Chaflán*—y era lógico que, en algún momento, se acercara a un cómico de la talla de Resortes Resortín de la Resortera que, hasta ese momento, no había sido muy bien aprovechado en la pantalla grande.

Alejandro Galindo junto con el escenógrafo y pintor Gunther Gerszo idearon un papel ideal para Resortes: el de un taxista de la ciudad —imagen por supuesto simbólica de los tiempos modernos que vivía el Distrito Federal. El taxista en cuestión, de nombre Lauro Escamilla Cejudo, recorre la ciudad y se ve involucrado en un par de crímenes que no cometió. A lo largo de la cinta aparecen los cabarets de un México nocturno en su mayor esplendor; el Waikikí y el Smyrna así como las modernas avenidas que se abrían por la ciudad. Y por supuesto los chispeantes diálogos sobre el precio de las dejadas: un peso con cincuenta centavos por recorrer ocho cuadras de Reforma.

Emilio García Riera señala que en la cinta Galindo dio de nuevo pruebas para captar el lenguaje popular tal y como lo había hecho en sus anteriores cintas. La ciudad con sus lugares de paseo, sus nuevas colonias y los salones de baile que se encontraban a la orden del día son sin duda parte del atractivo de la cinta tanto como los fenomenales bailes de Resortes.

Galindo volvió a dirigir a Resortes en otras cintas donde pudo sacar lo mejor de su vena actoral y humorística: en 1951 lo hizo en *Dicen que soy comunista* –curiosamente, Alejandro Galindo, al igual que Matilde Landeta, fueron muy cercanos al Partido Comunista Mexicano– que evidentemente sorprende desde el título que podría ser tomado a broma aunque hay que recordar que el país vivía dentro del alegre mundo del alemanismo.

Resortes, de la mano de Galindo, se convirtió en el hijo del pueblo representando papeles populares y en este caso interpretó a Benito Reyes Zubirán, cajista de imprenta sindicalizado y asegurado por el Seguro Social, que trata de sostener a su hijo al mismo tiempo que conquista a una mesera.

Al igual que en *Confidencias de un ruletero*, Galindo contó con la valiosa colaboración de Gerszo en el guión de la cinta que tenía ciertos toques de crítica social y sindical y donde Resortes fue acompañado por Miguel Manzano, el Bigotón Castro, y por las actrices María Luisa Zea y Josefina del Mar. Algunos críticos han señalado que, aun cuando el anticomunismo estaba de moda, la cinta no se sumaba a esa corriente en boga aun cuando, con sus chispeantes diálogos, se burlaba de los líderes mexicanos de izquierda Lombardo Toledano y Dionisio Encinas —quien en aquel entonces era el máximo dirigente de los comunistas mexicanos.

Entre cinta y cinta con Alejandro Galindo, Resortes se dedicó a realizar algunas películas en las que, sin lograr actuaciones memorables, sí dejó constancia de su habilidad para el baile, una de éstas fue *Al son del mambo* donde apareció al lado de nada más ni nada menos que el gran Cara de foca, Dámaso Pérez Prado, en una cinta de variedades dirigida por Chano Ureta en donde también se asoman el Chamaco Domínguez, la espectacular Amalia Aguilar, Chucho Martínez Gil, Los tres diamantes y Rita Montaner.

Ese mismo año —1950— Resortes filmó también *Barrio bajo* donde, bajo la dirección de Fernando Méndez, dio vida a un cargador —Mecapal—, quien, junto con el Charifas —interpretado por Enrique King, tienen que salvar a una joven ciega que, para colmo de males, es atropellada y se ven obligados a asaltar borrachos y a participar en un concurso de baile donde —*but of course*— se luce Resortes. Como curiosidad, en la cinta aparece un conjunto de músicos excéntricos, Los Texmex, y Rafael Baledón en una actuación especial.

En 1951, Resortes actuó en un curioso *remake* hollywoodense: *El beisbolista fenómeno*. Se trata de una parodia dirigida por Fernando Cortés sobre una idea para nada novedoso: un hombre que muere sin cumplir sus sueños y

Su habilidad para el baile lo hizo alternar con gente como Dámaso Pérez Prado.

para lo cual decide reencarnar en otra persona quien será el encargado de realizarlos. Llevada a la pantalla originalmente en el mundo del boxeo, la cinta ha dado pie a infinidad de variantes entre las que se cuentan el cambio de personalidades debido a un hechizo o incluso los cambios de sexo que, cuando no se toman en serio, como es el caso de *El beisbolista fenómeno,* la tremenda pelotera que se arma puede ser muy divertida.

Por lo demás marca un momento bastante sui géneris dentro del mundo del deporte mexicano cuando el llamado Rey de los Deportes —el béisbol— aún podía competir en popularidad con el futbol y en alguna ocasiones podría derrotarlo: Resortes interpreta a un joven novato originario de Pénjamo que, cumpliendo la voluntad del difunto —un célebre pitcher de color, de esos que por entonces regaban su talento en los campos mexicanos— trata de conseguir un juego perfecto. La situación se presta para miles de enredos en donde se luce Oscar Pulido.

A raíz del éxito de la cinta, que tuvo un pegue sensacional, se realizó un nuevo *remake* que inauguró todo un género: *El luchador fenómeno* filmada en 1952. Resulta curioso pensar a la distancia que haya sido precisamente un cómico el iniciador de un subgénero que iba a tener Santo, el enmascarado de plata a su máxima figura pero la cinta también evidenciaba el gusto del público por otro deporte la mar de popular. Resortes es acompañado en la cinta por un pléyade de luchadores que por supuesto gozaban de amplia popularidad. como lo eran La Tonina Jackson, Wolf Ruvinski, Guillermo Hernández, El Médico Asesino y Lobo Negro. Por cierto que, junto con Alejandro Galindo, en la década de los cincuenta, Cortés será uno de los directores favoritos del cómico.

Un año antes Resortes había filmado, al lado de Silvia Derbez y bajo la dirección de Roberto Rodríguez, una cinta que sería una de las más populares del cómico: *Baile mi rey* donde nuevamente aparece El Smyrna en todo su esplendor y donde Resortes enamorado de una pobre muchacha que es explotada por su padre, tiene que bailar y bailar mientras que una cantante callejera a quien el protagonista ha ayudado parece estar enamorada de él. No es un melodrama muy original —¿pero qué melodrama mexicano lo es?—, sin embargo con el paso del tiempo se convirtió en uno de los favoritos del público mexicano que seguía y siguió con delectación en la pantalla chica los pasos de baile de Resortes que seguía dando muestras de una capacidad inagotable a la hora de pararse frente a una cámara. Sin lugar a dudas fueron los años cincuenta los que marcaron definitivamente al cómico y los que, al convertirse en ídolo de las pantallas, lo hicieron un personaje entrañable y, sobre todo, un ejemplo a seguir: Resortes, al igual que Cantinflas, aunque en menor nivel, marcó el habla popular con sus expresiones características y su forma de hablar y de bailar.

Y aunque si bien estuvo marcado por el exceso ya que, también a diferencia de Cantinflas, no fue un cómico que haya cuidado su carrera, lo cierto es que Resortes tuvo durante esos años su época de oro al lado de cómicos que, como Tin Tan, sabrían explotar la vena popular y el exotismo. Si bien Resortes había sido uno de los iniciadores de la moda pachuca, quien llevó ese arte a sus mayores alturas fue Germán Valdés, Tin Tan.

Pero todo formaba parte de una época en la que aún había esperanzas y el milagro económico alemanista —inexistente pero que enriqueció a muchos de sus amigos— parecía alentar un mejor futuro para México.

10

Intermedio citadino (con paréntesis familiar)

Hacia los años cincuenta la ciudad de México se había convertido en un verdadero imán para los habitantes de los estados. Tan sólo en 30 años más de cuatro millones de migrantes se instalaron en la zona metropolitana y poco a poco comenzó ese crecimiento que parece inagotable. Evidentemente en esta migración tenían que ver tanto con el fracaso del ejido como con la explosión demográfica, la desastrosa situación del campo —endémica desde entonces—, la educación y por supuesto por la calidad de vida. La ciudad era el sueño de muchos y así era presentada por los medios de comunicación que ya inundaba casi todo el país. Ahí, como en la Edad Media, el aire —que ya no era tan transparente y sí empezaba a contaminarse— hacía libres a las personas. Resortes era, en muchos sentidos, el representante más cercano de estos pobrecitos desplazados del campo a la ciudad, pero también era el representante de un nuevo tipo de habitante citadino, de clase baja pero de buen corazón que con el paso del tiempo se convertiría en chilango.

Sin embargo, la ciudad tenía sus ventajas y era cierto que el nivel de vida aquí era mucho muy superior al del campo. Tan sólo en 1960 el promedio de ingresos de una familia citadina superaba en 185 por ciento al promedio en el campo. Había mejores servicios, educación, hospitales. Pero una realidad muy engañosa: el 40 por ciento de los ingresos que generaba la capital iban a parar al bolsillo de tan sólo el diez por ciento de la población lo que hacía que una gran masa de pobres habitara la capital de la República y que en las colonias populares creciera un tejido social que, aun cuando roto en los años que siguieron a los años setenta, se conservó durante mucho tiempo: fueron los años de las vecindades, del quinto patio y eso porque tan sólo entre 1940 y 1950 el índice del costo de la vida en al ciudad se triplicó mientras que los salarios reales cayeron hasta un tercio.

En ese tiempo el cine es un fiel reflejo del infierno y la esperanza que la ciudad es para los inmigrantes y también los que, nacidos ahí, tuvieron la desgracia de ser pobres: ellos son los que se identifican con las estrellas del cine nacional. De ahí que sus ídolos sean siempre los que más cerca se encuentran del alma popular: policías, bomberos, vagabundos, motociclistas, choferes, taxistas, estas almas de la vecindad donde en los años cincuenta vivía un tercio de la población capitalina y la gran mayoría de sus pobladores tenían ingresos per cápita menores a veinte dólares mensuales.

La familia de Resortes, gracias a su posición de actor, había pasado de ser una familia de tantas en Tepito para convertirse en una familia de clase media acomodada aunque nunca sería —ni siquiera en los últimos años de vida del actor— un familia pudiente —como se les llamaba entonces.

Resortes le había comprado en el mismo barrio una casa a su madre donde creció su primera hija y también la segunda a quien, en los años sesenta, le tocó ser testigo de la muerte de su abuelo.

Los consentidos de Resortes eran la numerosa prole de su hermano Carlos a quienes ayudó al igual que a sus hermanos menores: esa red familiar que se mantenía aun en nuestros días, en los años cincuenta era fundamental para sobrevivir y aun para sobresalir. Aun cuando Resortes se había abandonado independizado desde muy joven jamás dejó de preocuparse por el bienestar de su familia y por apoyar a los más jóvenes.

De hecho, Resortes ayudó a algunos de sus hermanos a establecer sus propios negocios aunque, reservado como era, fue un actor que supo mantener su vida privada alejada por completo de los reflectores.

De hecho es muy poco lo que se conoce de sus romances y amoríos aun cuando se sabe que en este camino siguió desde muy joven los pasos de su hermano Carlos.

Al final de su vida, había cierto pudor por parte de Resortes en lo que respecta a contar sus historias íntimas. Alguna vez, jugando dominó en el café que se encontraba enfrente de la Asociación Nacional de Actores o mientras tomaba un café, recordaba algunas de sus muy escasas aventuras.

Convertido en estrella, Resortes era respetado en el barrio porque sus orígenes estaban ahí y porque lo querían. Tepito aún se podía caminar y aun cuando tenía fama de barrio bravo era también leal. Sin embargo, poco a poco, la ciudad mudaba de rostro. Modernas avenidas se abrían y se ampliaba el Paseo de la Reforma para que los habitantes de las Lomas pudieran tener acceso a esa importante vía. Ciudad Satélite era apenas un proyecto pero la ciudad empezaba a despuntar como una megalópolis. Algunos pobres de la ciudad, expulsados por un decreto de Uruchurtu, se mudaban hacia las colonias del antiguo vaso del Lago de Texcoco para fundar Ciudad Nezahualcóyotl.

A mediados de los cincuenta, en el momento de mayor esplendor de la vida en los barrios y colonias de la ciudad de México también se comienza a cambiar la perspectiva y a perder esa identidad que Resortes y otros cómicos sustentaron.

A finales de los cincuenta la televisión vino a convertirse en la gran dominadora del tiempo libre de los mexicanos lo que sin lugar a dudas transformó el uso del tiempo libre: no es causal que entre los cuarenta y los setenta, Resortes haya sido estrella y posteriormente, al cambiar los hábitos de consumo, se convirtiera en una comparsa más. De hecho, si revisamos su filmografía podemos ver que los papeles estelares de Resortes son apenas la mitad de las participaciones como actor de soporte y en muchos casos como la caricatura de la caricatura.

La historia de Resortes es un poco la de la ciudad: en los cincuenta era un imán que atraía a todo mundo pero en los años setenta y ochenta la vida en la ciudad se hizo más difícil.

Quizá porque no pudo guardar lo suficiente o porque fue demasiado generoso, Resortes terminó sus días aun cuando viviendo con decoro no con el exceso de lujos que otros cómicos pudieron alcanzar gracias a su fama. Algo nos quedó debiendo el cómico, algo que hizo que no llegara a cuajar la gran promesa que era. Quizá no supo retirarse a tiempo, quizá jamás dejó de trabajar pero lo cierto es que un buen día nos olvidamos de él y de lo que representaba debido al gusto por los ídolos instantáneos que produce la televisión y que cada vez son más. Paradójicamente fue la televisión la que cobijó al cómico los últimos días de su vida.

De hecho, cuando ya sólo era llamado para realizar pequeñas partes en telenovelas, Resortes se burlaba del asombro que causaba entre los jóvenes actores la impresionante cifra de las películas en las que había participado.

—Uy manito. Se asombran cuando les digo que llevo más de cien películas. Ellos ya con una telenovela se sienten estrellas.

Lamentablemente, era cierto. Para Resortes las leyes del espectáculo cambiaron demasiado aprisa y aun cuando quiso adaptarse a ellas, la verdad es que sólo era visto en muchas ocasiones como un fantasma del pasado, un hombre venido del pasado incapaz de soportar los nuevos tiempos.

Y aun cuando él luchaba por conseguir papeles y aun escribió un guión, jamás pudo volver a obtener los éxitos que los años cincuenta tuvo al lado de directores como Fernando Cortés o Alejandro Galindo.

11

Los años cincuenta, los años de Resortes

En 1953 Resortes se volvió a encontrar con Alejandro Galindo para filmar *Los Fernández de Peralvillo,* cinta de una crudeza pocas veces vista en el cine nacional: es la historia de un vecino de Peralvillo que llega a tener dinero pero que, por lo mismo, se queda solo. Víctor Parra dio a este personaje creado por Juan M. Durán y Casahonda que se llevo todos los Arieles del año: mejor película, mejor actuación estelar masculina, mejor papel de cuadro femenino, dirección, argumento original y adaptación.

Resortes comenzó en esta cinta a interpretar al vago y borrachín representante del espíritu del barrio que luego repetiría sin piedad en cintas como *Pedro Navaja,* verdadera cinta de horror del cine nacional.

En la cinta Resortes era acompañado por actores de la talla de Sara García o Andrés Soler donde el cómico era una especie de conciencia del personaje que, como buen arribista —especialmente durante el alemanismo— podrá enriquecerse pero se perderá para siempre.

1953 fue un año redondo para Resortes, pues a la par que filmó *Los Fernández de Peralvillo* también realizó otras tres películas, una de éstas tenía como escenario la ciudad de La Habana. Se trata de *Me gustan todas* donde fue acompañado ni nada más ni nada menos que por el Piporro y Rosita Fornés y donde podemos escuchar el potentísimo sonido de la Sonora Matancera.

En *Mis tres viudas alegres* en donde compartió el escenario con Silvia Pinal, Lilia del Valle y Amanda Aguilar y donde representó dos papeles: el de un viejito lujurioso y luego a un hijo modelo. El cine mexicano fue y es —ahora incluso en la televisión— muy dado a repetir ciertos modelos que, extrañamente, también tienen mucho éxito en el cine. El travestismo es habitual y parece increíble que nada cause más placer que ver a un actor cómico disfrazado de mujer o haciéndola de homosexual o de niño. Es una suerte de prueba por la que todo comediante tiene que pasar tarde que temprano: lo han hecho casi todos porque es algo seguro, desde Manolín y Chilinski hasta don Joaquín Pardavé y el mismo Tin Tan por no mencionar la infinidad de los cómicos de las cintas de ficheras que lo hicieron hasta el hartazgo.

Ahora bien, quizá una de las causas de la decadencia de Resortes —y de otros cómicos— fue que, aun cuando carperos y hasta con doble sentido, muy pocas veces se rebajaron a los duelos de albures que el cine mexicano realizó en los setenta.

Quizá en gran medida muchos de estos cómicos que con tanta facilidad dieron el salto hacia el cine fueron incapaces de seguir en la televisión, y si lo hicieron, fue en papeles muy menores a los que habían logrado en la pantalla grande. A muchos de ellos se les vio en las películas de ficheras y albureras casi como extras: el tiempo había carcomido su capacidad de sorprender y las nuevas generaciones exigían otro lenguaje.

El mismo Resortes llegó a contar que el desmedido abuso en el uso del lenguaje por parte de las nuevas producciones cinematográficas, allá por los años ochenta, no le apasionaba. Contaba que todas esas películas eran demasiado mandadas con los insultos. Y que lo que brillaba en la carpa era el ingenio.

La cuarta cinta que realizó en 1953 fue *Miradas que matan* en donde interpretaba al Ojitos un hipnotizador que es capaz de salvar a la belleza del momento: Ana Bertha Lepe. Uno de los chismes que se rumoraba en los pasillos de los estudios era que Resortes había quedado prendado de aquella belleza cuya coronación como Miss México estaba incluida en el filme. Al parecer, le encantaban las mujeres jóvenes ya desde aquel tiempo, pero tanto el cómico como la propia actriz desmintieron siempre estos rumores.

Luis Spota —el autor de *Más cornadas da el hambre*— contrató a Resortes para que interpretara a un tragafuegos en una curiosa cinta escrita y dirigida por el propio Spota: *Amor en cuatro tiempos*. La cinta consta de cuatro episodios —quizá para burlar las duras reglas sindicales— y en la cinta se puede ver a Resortes como un tragafuegos que, enamorado, despide a su ayudante para morir convertido en antorcha humana.

Pero sin lugar a dudas una de sus mejores actuaciones la encontramos en *El Rey de México*. Por su actuación fue nominado al Ariel a la Mejor Actuación Masculina por su papel como cargador de La Merced al que un periodista sin escrúpulos le hace creer que es millonario por una semana: si bien el cine nacional nunca se ha considerado como muy original en esta cinta de Rafael Baledón existe una extraña cercanía con algunas cintas que desmitificaban al periodista y que el cine de Hollywood había empezado a rodar como fue el caso de *Cadenas de roca*.

A mediados de la década de los cincuenta, aprovechando el auge de los ovnis y los ambiciosos planes espaciales tanto de la entonces Unión Soviética como de los Estados Unidos, Resortes filma una comedia simplemente hilarante: *Platillos voladores*.

Dirigida por Julián Soler y con las actuaciones de Evangelina Elizondo, Vitola y Andrés Soler, la cinta por supuesto es el vehículo para que Resortes nos muestre sus dotes de bailarín y con pasito tuntun le entre al cha-cha-cha que había puesto de moda la orquesta de Enrique Jorrín. Filmada en San Ángel, *Platillos voladores* tiene escenas verdaderamente hilarantes tanto por el humor involuntario como por la forma como Resortes puede convencer a los científicos de que la neta es el amor y la paz, un mensaje prehippie que, sin embargo, parecía estar muy a tiempo por aquello de la guerra fría y porque los bailes con los extraterrestres se llevaban a cabo en vecindades.

En 1955 también filma *Cadena de mentiras*, donde encarna a un recadero, y *Viva la juventud* que gira en torno al futbol americano colegial y al enfrentamiento tradicional entre pumas y burros blancos. Resortes, que jamás fue a la universidad y menos aún al Politécnico, representa a un estudiante y lo hace bien, por lo menos mucho mejor que lo que lo hacían algunos otros actores que aparecen a su lado.

Curiosamente, en muchas de las cintas filmadas por esta

época, Resortes hace un doble papel como en *Muertos de risa* que es de 1957 o bien en *Asesinos S.A.* y en la misma *Viva la juventud.* Aun cuando demostraba con creces sus dotes actorales, en muy contadas ocasiones se consideró a Resortes como una actor dramático.

En 1956 Fernando Cortés y Alejandro Galindo vuelven a trabajar con el cómico: en esa época había suficientes estudios —y aún no se atentaba contra los Churubusco—como para que se filmasen varias películas a la vez y de hecho, el joven Tin Tan, recién desempacado hizo por esa época algunas apariciones, algunas de éstas al lado del propio Resortes, donde el cómico de los ojos saltones le pide al pachuco inmortal un autógrafo. Curiosamente, Tin Tan, con el paso del tiempo, sería considerado mucho más importante como figura cómica que el mismo Resortes.

A Resortes se le conocen pocas relaciones amistosas, aun cuando las tenía. Sus parejas en el escenario fueron habitualmente buenos compañeros y directores como Galindo y Cortés lo frecuentaban. Una de las cosas que más le gustaban, cuentan, era jugar. Una práctica compartida por casi todos los cómicos carperos: Palillo y el Bigotón Castro se la pasaban jugando y lo mismo hacía Resortes con sus compañeros en los estudios y en los escenarios.

Como en muchas ocasiones las esperas para entrar a escena duraban más de lo que se pensaba, no faltaba quien organizaba una manita de dominó y al poco rato todos los actores se encontraban desesperados por abandonar el set e ir a terminar la partida.

Y Resortes no era la excepción.

En 1956 Resortes filmó dirigido por el mismo Cortés, *Cómicos de la legua.* Una especie de homenaje al pasado de

Resortes al interpretar al paletero de una carpa que juega al billar, juego que por cierto le costó una buena paliza por parte de su padre el día cuando lo descubrió practicando la carambola en un billar del centro histórico

Los personajes encarnados por Resortes parecen padecer un subempleo crónico —algo ya muy común en la ciudad— o bien trabajan en empleos muy populares como —en aquellos tiempos— los carteros: así un humilde repartidor de correspondencia se puede enamorar de la estrella de cine y ser filmado sin siquiera darse cuenta hasta que, al comprender su error, el sermón contra los que se burlaron de él rebelan la enorme estatura de su alma.

Entre 1956 y 1957, Alejandro Galindo lo dirigió en otras tres cintas: *Échenme al gato, Hora y media de balazos, Manos arriba y Te vi en TV*. Esta última, como ya vimos, le costó un veto al cómico del que muy pronto se recupero. Si bien *Hora y media de balazos* es una cinta de ambiente rural —al que no estaban muy acostumbrados ni Galindo ni Resortes— la comedia resulta eficaz y nuestro héroe encarna a un pastor que, nombrado presidente de la Unión de Usuarios del Agua, tiene que enfrentarse en singular duelo con el villano de la película.

Échenme al gato regresa al tema urbano y con justificada razón es una de las cintas mexicanas favoritas de Carlos Monsiváis quien señala que en ésta Piporro —que comparte créditos con Resortes—esta simple y llanamente genial.

De hecho, la amistad de Resortes con Piporro se mantuvo por muchos años. Y en los cumpleaños y las fiestas del norteño, Resortes era un invitado habitual. De hecho, en los últimos años de los dos cómicos, cuando se hacían grandes fiestas en El rey del cabrito por los onomásticos de

Piporro, Resortes iba muchas veces a saludarlo acompañado de su esposa.

Su amistad surgió cuando filmaron en La Habana Me gustan todas y el mismo Piporro habla así del cómico de Tepito:

> *"Se puede asegurar que es uno de los personajes obligados en el repertorio de cuantos imitadores profesionales existen en nuestro medio. Sus pases de baile, entre otros el ahora mundialmente conocido 'moon-walk' (pasito resbalado pa'tras), han llegado a ser hasta socorrido recursos de la talla de Michael Jackson, por no citar más que un garbanzo de muchas libras de peso. Mi admiración hacia el compañero con quien tuve la satisfacción de actuar en las películas* Échenme al gato *y* Me gustan todas *–esta última filmada en La Habana al lado de Rosita Fornés y la pareja de cómicos argentinos 'Dick y Biondi'–, no sólo se concreta a la trayectoria del comediante con quien también compartí carteles y elencos en diversas giras y temporadas teatrales, sino, a su gran calidad como actor trágico donde ha rayado a altura incomparable y ahí están para comprobarlo, sus inolvidables actuaciones en* El rey de México *o en Amor a cuatro* tiempos.
>
> *"Para mi gran Resortes, vaya en este espacio el refrendo de mi admiración y la estimación que nos ha permitido conservar hasta estos días, y todos los que nos faltan, nuestra vieja amistad."*

En *Échenme al gato* Resortes interpreta a un mandadero de una farmacia quien se ve envuelto en líos cuando le injertan por error la mano de un ladrón. Galindo también dirigirá a Resortes ese año en *Manos arriba* donde también interpretaba dos papeles: un sastre y un ingeniero norteño, acompañado de Evangelina Elizondo y el Bigotón Castro. Finalmente, Galindo lo dirigió en *Te vi en TV* que le ganó el veto de los locutores aun cuando le ganó mucho más público.

En la cinta, además de presentarse el delirante camino de Margarito, quien es perseguido por El Gato, un ladrón de bancos que perdió su brazo, también aparecen escenas de otras cintas de Cinematográfica Jalisco, *La justicia del Lobo*, y aparece un jovencísimo Rodolfo de Anda como uno de los amigos de Margarito.

Comedia en verdad divertida donde Piporro es un policía norteño en la ciudad de México y donde se dan múltiples enredos, *Échenme al gato* significó el momento cumbre de la colaboración entre Galindo y Resortes.

Otro de sus amigos cómicos fue Tin Tan con quien apareció en la pantalla en *Música por siempre* y con quien tuvo un breve y chispeante diálogo en *Quiero ser artista,* en la que Resortes la hace de cartero y Tin Tan de cómico famoso. Resortes le pide un autógrafo y el pachuco le dice.

—Oye te pareces mucho a un cómico de la competencia.

Ambos cómicos estarían juntos en otras películas. Cuatro para ser exactos: entre estas estaban *Pilotos de la muerte* de Chano Ureta donde interpretan a un par de mecánicos que se meten a una carrera y que están, obviamente, locos por el twist. También fueron dirigidos por Rafael Baledón en *Los fantasmas burlones* donde también actúa Antonio Espino Clavillazo y ya en los setenta, en *En estas camas nadie duerme* de Emilio Gómez Muriel y en uno de los muchos intentos de reivindicación de los cómicos carperos en la cinta *Los cacos* del malogrado José Estrada.

Ambos cómicos eran buenos amigos aun cuando Tin Tan desbancó a Resortes como el auténtico pachuco: básicamente, por el uso del lenguaje ya que nadie podía igualar a Tin Tan y a su carnal Marcelo en eso de parlar tatacha, la verdad es que ambos cómicos fueron amigos y en algunas ocasiones Resortes acompañó a Tin Tan en sus famosas comidas.

Pero si la década de los cincuenta fue la del triunfo definitivo de Resortes, la de los sesenta comenzó a augurar la decadencia del cómico.

Sin embargo, aún así, pudo ser testigo, a finales de los cincuenta, de nuevos cambios en la ciudad, de los nuevos oficios y del crecimiento urbano con las casas de interés social que poco a poco rodearon a la ciudad.

Así, en *Del suelo no paso* la torre Latinoamericana se presentaba como el símbolo de la modernidad pero un modesto limpiaparabrisas tenía que hacer gala de sus habilidades acrobáticas para llevar a cabo su trabajo. Esta cinta, dirigida por el correcto artesano Chano Ureta, fue bien recibida por el público que veía a Resortes como un ejemplo de lo que realmente se tenía que sufrir en la ciudad que antes había sido la panacea. Contradicciones de la modernidad.

Y esa modernidad también empezaba a dejar atrás a los viejos cómicos. Incluso, en los inicios de la nueva década, se recurría incluso a la adaptación —muy libre— de historias de Robert Louis Stevenson sobre un hombre que ayudaba a que los desilusionados se suicidasen para cobrar su seguro de vida. Tan poca era la confianza en este tipo de cintas que el nombre copiaba un éxito anterior —*El luchador fenómeno*, también dirigida por Fernando Cortés— hablamos de *El luchador fenómeno*.. De hecho, una secuela de esta cinta, *El futbolista fenómeno* permitiría a Resortes debutar como argumentista aun cuando la idea no era muy original y volvió a ser llevada a la pantalla.

Alejandro Galindo dirigió nuevamente a Resortes, ahora en el papel de un buen ladrón en *¡Ni hablar del peluquín!*, y más adelante, hacia 1962 comenzó a aparecer como albañil en cintas como *La risa de la ciudad* o *Suerte te dé Dios*.

Entre 1961 y 1965, quizá como prueba de que ya empezaban a surgir nuevos talentos en la comedia, Resortes sólo filmó una comedia por año aun cuando unas de éstas cintas significó el reencuentro con Dámaso Pérez Prado quien quería lanzar un nuevo ritmo, el dengue, que por cierto pasó sin pena ni gloria.

Pero eso no fue obstáculo para que Resortes, a sus casi cuarenta años y haciendo un papel de muchacho, luciera bailando acompañado de Rogelio Guerra, Pompín Iglesias y Leonorilda Ochoa.

La cinta, dirigida por Roberto Rodríguez, presentaba a diversos conjuntos como Los Hooligans, Jonhy Laboriel y Los Richardson así como con la música de Pérez Prado, pues la comedia resulta de menos entretenida: "todos bailamos el dengue" grita el cubano tratando de que todo el mundo le entre al nuevo ritmo que desgraciadamente no pegó aun cuando algunos números se recuerdan como los de Resortes bailando en el espacio de La Feria de Chapultepec.

Otra de las cintas en las que actúa al lado de Joaquín Cordero y Javier Solís es *Los tres mosqueteros de Dios*, en donde tres curas luchan por salvar un asilo y ponen en juego sus habilidades como escritores, boxeadores y cantantes aun cuando fracasan. Sin embargo, al fracasar consiguen salvar a quienes viven con ellos.

La carrera de Resortes entraba en una etapa de franca decadencia y comenzaba a hacer papeles secundarios. Sin embargo entre los años setenta y el 2000 hizo aún 50 películas que sin lugar a dudas son todo un récord.

Las cincuenta películas realizadas son de lo más disparejo, pero son la prueba de cómo esa industria que fue el cine mexicano cayó en decadencia, como lo hicieron los viejos cómicos.

12

Treinta años de decadencia

Entre 1970 y 1996, Resortes actuó en todo tipo de papeles: tanto llamado por grandes directores que lo consideraban una leyenda como con aquellos que simple y llanamente lo querían como una figura atractiva, todavía taquillera pero que se presentaba como una parodia de sí mismo.

Entre éstas cintas estuvieron dos al lado del longevo —pero también decadente— Alejandro Galindo: *Tacos al carbón* y *San Simón de los Magueyes*, esta última una sátira sobre el fervor religioso en la cual la estatua de un santo se rompe y es sustituida por un cómico ambulante.

En 1975, Resortes actuó finalmente en una cinta que le merecería dos reconocimientos importantes: una Diosa de Plata y Heraldo. Estamos hablando de la adaptación de la novela de Vicente Leñero, *Los albañiles*, filmada por Jorge Fons donde Resortes interpreta al Patotas, un albañil rebelde a quien torturan hasta que confiesa el crimen de un velador.

Se trata sin lugar a dudas de la mejor interpretación de Resortes Resortín de la Resortera. Pero eso no bastó para

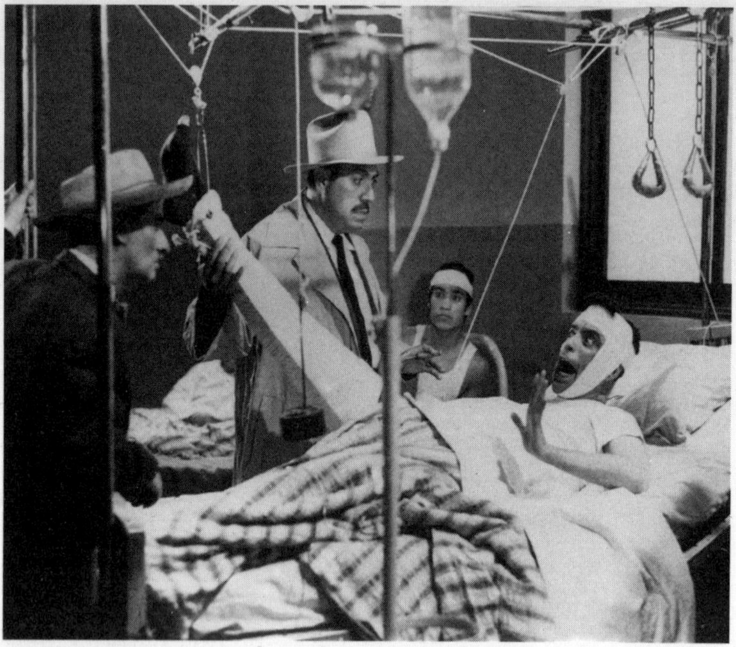

Arturo Castro "Bigotón", Ricardo Moreno "Pajarito" y Adalberto Martínez "Resortes", 1956.

obtener de nuevo el gusto del público y la carrera del cómico se escindió, por un lado habían directores como Juan Ibáñez que reconocían su talento y lo llamaban para cintas como *Mientras México duerme* o participaba lo mismo en cintas de ficheras, que en *Pedro Navaja* y *El hijo de Pedro Navaja* que al lado de niños actores como en *Chiquidrácula* y *La niña de la mochila azul.*

Fue, sin duda, un largo peregrinaje y habría que preguntarse si el famoso veto no cobró sus frutos muchos años después cuando la tele prácticamente no lo llamaba.

Si bien participó en cintas como *DF,* adaptación de las obras breves de Carballido también lo hizo en películas como Las tentadoras o El rey de los albures. Le tocó hacerla de defensor de mojados en Mojado de nacimiento y Se necesitan mojados y lo mismo de borrachín —algo que era casi su especialidad—en otras muchas cintas.

Curiosamente no tomaba mucho y al final de su vida, nada. Se enorgullecía de haber hecho creer a muchos de sus amigos que se encontraba absolutamente borracho cuando en realidad estaba más sobrio que nadie.

Pero su mayor pasión era bailar.

Hasta poco antes de su muerte, bailaba todas las mañanas y eso lo mantenía fuerte y despierto. Iba a todas las asambleas de la ANDA e incluso recibió un homenaje en Francia a donde fue acompañado de su esposa. En 1981 se le otorgó la medalla Eduardo Arozamena por sus cincuenta años de trabajo cumplidos y en 1995 el Ariel de oro por su trayectoria, un Ariel que siempre se le negó por sus películas y al que en contadas ocasiones estuvo candidateado.

En fin, en los últimos años de su vida clamaba por regresar a las pantallas y aun a la televisión donde pudimos verle en algunas producciones.

Una de sus últimas cintas protagónicas, por ejemplo, *Casa de citas,* filmada en 1985, lo presentaba como un judicial al lado de Jorge Luke tratando de resolver algún caso de secuestro: la trama de la cinta no tiene nada de interesante aunque sí la presencia de la vedette Imperio Vargas.

En fin un largo camino hacia la decadencia fue el que llevó a Resortes a participar en algunas cintas tan raras como *Miracles,* una producción gringa dirigida por Jim Kouf —quien luego produciría *Con Air*—donde Resortes hace las veces de un chamán.

Se dice por ahí que alguna vez el director alemán Herzog estuvo a punto de llevárselo a la filmación de *Fitzca-*

rraldo o de *Aguirre, la ira de Dios* aunque las negociaciones no llegaron a un buen término sin embargo, si la historia es cierta, deja constancia de que el gran cómico también tenía una presencia escénica que perseguían infinidad de directores pero que desgraciadamente no terminó por ser lo que prometía.

Quién sabe qué fue lo que ocurrió con Resortes, veleidades de la fortuna realmente, porque tenía todo para ser un ídolo a la altura de Cantinflas pero quizá a diferencia de él no administró tan bien su carrera.

Así, por ejemplo, la colaboración final con Galindo fue un supuesto canto a Lázaro Cárdenas que en realidad fue un melodrama de lo peor aun cuando actor y director se veían un tanto cuanto cansados.

Por eso quizá optó por participar en telenovelas aun cuando sólo hizo cuatro, la ya mencionada *Camino a la gloria*, *Muñeca*, al lado de Fanny Cano, *El abuelo y yo* de donde saltó a la fama Gael García Bernal; y *Qué vivan los niños*, una de esas telenovelas infantiles de Televisa en la que más se recurría al nombre del viejo actor que un deseo de rendirle homenaje.

A diferencia de otros actores, quizá Resortes no supo retirarse a tiempo, pero la verdad era que vivía para el trabajo. Era casi casi un enfermo de su vocación actoral que encontró de niño en un teatro de barriada.

Y realmente recordaba aquellos momentos con alegría y un poco de tristeza. En una de las paredes de su estudio las fotografías al lado de sus amigos, de sus actores, de sus viajes, le acompañaban siempre, pero desde que se había enfermado de la próstata ya cada vez salía menos de su casa.

Era un solitario que recordaba sus años de gloria, aquellos cuando bailaba, que tenía en los ojos aún al México de los salones de baile, de las carpas, de las noches interminables, de los cafés.

Recordaba el barrio, el Tepito de su niñez. Aquel donde jugaba con los títeres de su abuelo y donde presentaba funciones cobrando a veinte centavos la entrada.

Soñaba con otros tiempos.

13

Despedida

No se puede decir que se haya ido muy pronto. Porque ya andaba más allá de los ochenta. No se puede decir que no fue famoso porque en los años cincuenta fue un ídolo.

No se puede negar que fue un bailarín excepcional porque el mismo Pérez Prado lo reconoció así.

Sin embargo algo pasó con Resortes que el día de su funeral sólo asistió un puñado de personas.

No hubo una manifestación de duelo similar a la que ocurrió con Cantinflas o con María Félix.

Algo le faltó para ser ídolo.

Como pocas, la carrera de Adalberto Martínez ilustra precisamente esa enorme separación que existe entre el ídolo y el comediante que cumple su trabajo.

O quizá fue su apego a la forma de ser de los chilangos o los cambios en la vida citadina. Vaya usted a saber que ocurrió, pero lo cierto es que un buen día nos levantamos con la noticia de que Resortes había muerto y no faltó quien se preguntase quién era Resortes.

Los posteriores homenajes que se le rindieron y la transmisión de sus películas refrescaron la memoria de muchos olvidadizos.

Y de hecho, aunque apenas en 1995 había filmado su última cinta al lado de la India María, *Las delicias del poder*, Resortes no era tan recordado como otros cómicos.

Fue popular, fue muy popular, encarnó el alma del barrio, encarnó a toda una serie de personajes humildes y sin embargo acabó por quedarse encasillado en un solo papel.

Resulta curioso, ¿verdad?

Incluso resulta curioso que nunca haya peleado un puesto sindical o que no mostrara ambiciones políticas. Que sus relaciones con directores prosocialistas como Galindo no le descubrieran una vocación social, que no supiéramos mucho de él, que sólo lo conociéramos por sus películas.

Es también un personaje humilde: Resortes hablaba encantado de su paso por el cine y de su infancia, pero de lo demás se negaba a hablar. Su vida era su carrera artística decía y era cierto.

Una larga carrera, enorme, envidiable y tal vez no porque nunca logró ser un ídolo y porque tuvo que conformarse con papeles secundarios. Porque vivió tragedias y sinsabores familiares —como la muere de una de sus hijas durante un asalto— y porque muchos de sus mejores amigos se fueron a la tumba o se retiraron en la cúspide de su carrera. O fueron olvidados por las nuevas generaciones de comediantes que, con su estilo alburero, jamás pudieron igualar a los grandes cómicos de la carpa que se jugaban la vida frente al público.

Pero quizá lo más raro en el caso de Resortes es que él sí era un ídolo en los años de la carpa y lo siguió siendo cuando se incorporó al cine. Pero un momento, entre los años sesenta y los setenta, Resortes desapareció, dejó de ser popular, tuvo que hacer todo tipo de papeles y cintas de esas que Buñuel llamaba alimentarias.

Esa es la única verdad: quizá haya sido que se quedó encasillado demasiado en un solo personaje, quizá hayan sido los tiempos pero la verdad es que aquel sábado cuando se anunció la muerte de Resortes, no se hizo mucho revuelo en torno a la noticia y los noticiarios de espectáculos contaron en cuatro párrafos su vida y lo despacharon mientras que los programas escandalosos sacaban a relucir los pleitos con la hija y la lucha por la herencia.

Pero Resortes tiene una ventaja sobre sus mismos críticos: es muy posible que su cine sobreviva. Que permanezca, ya sea como sociología, como imagen de un México que hemos perdido para siempre o por sus cualidades como actor y bailarín.

Y a lo mejor dentro de muchos años, Resortes se convierta en uno de esos grandes clásicos de los que todos hablan.

***

TÍTULOS DE ESTA COLECCIÓN

Agustín de Iturbide
Adalberto Martínez "Resortes"
Agustín Lara
Álvaro Obregón
Amado Nervo
Antonio López de Santa Anna
Benito Juárez
Cuauhtémoc
David Alfaro Siqueiros
Diego Rivera
Dolores del Río
El Santo
Emiliano Zapata
Eulalio González "Piporro"
Fidel Velásquez
Francisco I. Madero
Frida Khalo
Gabilondo Soler "Cri-Cri"
Germán Valdés "Tin Tan"
Joaquín Pardavé
Jorge Negrete
José Alfredo Jiménez
José Clemente Orozco
José María Morelos
José Vasconcelos
Juan Diego
Juan José Arreola
Juan Rulfo
Justo Sierra
La Malinche
Lázaro Cárdenas
María Félix
Mario Moreno "Cantinflas"
Miguel Alemán Valdés
Miguel Hidalgo
Nezahualcóyotl
Pancho Villa
Pedro Infante
Plutarco Elías Calles
Porfirio Díaz
Quetzalcoatl
Rosario Castellanos
Salvador Novo
Sor Juana Inés de la Cruz
Venustiano Carranza

Esta obra se terminó de imprimir en abril de 2004 en
Litográfica Ingramex, S.A. de C.V.
Centeno Nº 162-1, Col. Granjas Esmeralda
México, D.F.

CALIDAD ISO 9000 CERTIFICADA
Certificado No. 02-2082